经典战史回眸　抗战系列

血战衡阳四十七天

抗战史上最壮烈的城市保卫战

萧培　著

WUHAN UNIVERSITY PRESS
武汉大学出版社

图书在版编目(CIP)数据

血战衡阳四十七天:抗战史上最壮烈的城市保卫战/萧培著.—武汉:武汉大学出版社,2014.2(2024.7 重印)
经典战史回眸·抗战系列
ISBN 978-7-307-12178-2

Ⅰ.血…　Ⅱ.萧…　Ⅲ.抗日战争史—衡阳市—1944　Ⅳ.K265.21

中国版本图书馆 CIP 数据核字(2013)第 277598 号

责任编辑:王军风　　责任校对:汪欣怡　　版式设计:马　佳

出版发行:**武汉大学出版社**　(430072　武昌　珞珈山)
(电子邮箱:cbs22@whu.edu.cn　网址:www.wdp.com.cn)
印刷:武汉邮科印务有限公司
开本:720×1000　1/16　印张:7.5　字数:140 千字
版次:2014 年 2 月第 1 版　2024 年 7 月第 4 次印刷
ISBN 978-7-307-12178-2　定价:35.00 元

目 录

第一章
衡阳战役的由来

“一号作战”形成的原因

由于1943年以后的太平洋战场战局明显愈来愈不利于日本，让日本开始担心攫夺自南洋方面的资源，将因为海上运输线路遭受到盟军来自东面的威胁而告中断。另一方面，始终不肯屈服又不断将首都往西南内地迁移的中国政府，在美日开战之后也因此成为盟军的一员，除了获得英美同盟国的援助之外，还在西南地区兴建机场让美军大量的战斗机和B-29长程轰炸机进驻，而美军的B-29长程轰炸机不但可以直接由这些机场出动轰炸日军占领的满洲地区和日本本土，就连中美联合成立的第14航空队战斗机，也能利用这些机场来攻击日军在中国占领区各地设立的基地以及来往于南洋和日本本土之间的日方运输船队，并削弱日军驻防在台湾用来保护海上运输线的能力，甚至还能飞到中南半岛和缅甸威胁到在那里作战，而且缺乏空中保护的日军部队。有资料显示，当时第14航空队每月摧毁的日本船运物资，已经高达日本每月船运总量的三分之一。因此，日本大本营开始重新重视停滞已久的中国大陆战场，认为此时此刻最重要也是最正确的战略思考，应该是尽快打通中南半岛占领区和中国占领区之间的中国军队控制区，以连接由中南半岛直达朝鲜半岛的陆上交通线。

1944年初时，日本在东面的太平洋上已经失去了很多开战之后占领的重要岛屿，

■驻扎在中国西南地区机场的“飞虎队”飞行员准备起飞战斗。正是这些位于后方的机场的存在，给予日军深深的威胁，因此才有了“一号作战”的构想。

但是在西面的陆地上仍然牢牢地控制着包括朝鲜半岛、中国东北（伪满洲国）、中国华北、中国华东（汪精卫伪政权）在内的这一大片地区，以及远在南方的中南半岛和南洋地区。然而日本偷袭珍珠港之后，便将作战重心由中国战场转移到太平洋战场，以致这两大区域的中间地带（河南、湖北、湖南、江西及广西等地区）一直未被日军完全占领，上述对日军的威胁很大部分正是来自于这些地区的中美盟军。如今时空转移，形势上又转变成中国战场的重要性应该优先于太平洋战场，日本人贸然对美开战，如今自食恶果。

基于以上的考虑而且担忧美军在太平洋上愈来愈凌厉的攻势，迟早将切断日本本土到南洋的海上交通线，因此日军参谋本部作战部长真田穰一郎少将和作战课长服部卓四郎大佐，提出了一个新的战略作战计划，其

■1941年8月1日，蒋介石发布命令，正式成立“中国空军美国志愿大队”，任命陈纳德上校为该大队指挥官，这就是后来闻名于世的“飞虎队”。“飞虎队”将战区指挥部设在重庆，飞机主要驻扎在云南昆明和缅甸仰光。1942年7月4日，“飞虎队”纳入美军现役，称为“美国陆军第10航空队驻华空军特遣队”；1943年3月10日扩编为美国陆军第14航空队，陈纳德升任少将司令。

目标在于：

一、打通日本大本营经由朝鲜、伪满洲国（中国东北）、华中、华南的路线与南洋方面构成联系。

二、占领中国南方和西南方的空军基地，防止美国空军自该地起飞攻击日军海上交通线和轰炸日本本土。

真田穰一郎和服部卓四郎两人认为一旦从日本本土到南洋的海上交通线被切断，这条大陆交通线将是保障和坚持东亚大陆作战的关键和生命线。翻开地图来看，当时已有铁路自新加坡经整个马来半岛到泰国的曼谷，往北再到越南的北部，中间只要以车运中继由镇南关至柳州的路段，就能够以打通之后的湘桂线和平汉线铁路继续运输，然后直达朝鲜南端的釜山。之后，只要通过对马海峡这条安全的海路路线，就可以让东京和在东南亚作战的部队取得联系。换言之，东京方面可以把当时位于大陆东北的“关东军”、中国战场上的“中国派遣军”和位于中南半岛的“南方军”三方面借由大陆交通线连成一体。而且假若作战取得成功，在占领中国南方和西南方的空军基地之后，还可以将己方的战斗机部队进驻其中，利用这些基地除了可以掩护大陆东侧的海上运输外，反过来还可以攻击海上的盟军舰艇，并夺取大陆交通线以及沿线地区丰富的资源（如江西的钨矿等）。

若未来日军完全失去了海上优势，而防守日本本岛的本土军被登陆而来的美军和西方盟军击溃时，也可以将这批本土军撤入朝鲜半岛和山东半岛，一起加入整个大陆作战军团当中，构成一个坚实的阵容，继续在陆地决战中击溃美军和西方盟军，到时候就算没有了海军、空军，仍可以凭借日本陆军勇于牺牲的精神来和美英盟军做最后的一决高下，就算只剩刺刀可以与之拼斗，也不见得会全盘皆输。所以，当时日军的高层普遍都同意唯有以大陆对抗海洋，才能弥补海上优势渐渐消失的窘境，甚至考虑一旦美军和西

■第14航空队成立后，抗日战争形势越发好转，“飞虎队”也渐渐发起了越来越多的攻击行动，这同时对整个抗日战争发挥了巨大的助力作用。图为被“飞虎队”击沉的日本商船。

方盟军进逼到日本本土时，整个帝国中枢和大本营也将跟着防守日本本岛的本土军转移阵地到大陆上。除此之外，日军也准备借此次大规模的兵力出动，寻求和中国军队的主力进行决战并加以消灭，彻底消除中国军队配合美军在中国东部沿海地区登陆的可能，之后再逼迫已无兵可用的重庆国民政府出面谈和甚至投降。

其实，这个“大陆打通作战”的构想早在半年前就已经在日军大本营幕僚会议中讨论过，只是当时多数军方人士都将焦点放在东南亚方面的战局，因此不但就此搁置大陆打通战略的议题，大本营方面甚至还不断从中国战区抽调兵力，以至于当时的中国派遣军总司令官畑俊六大将还因为在华兵力的骤减而向大本营提出抗议，警告他们不要再由大陆抽调兵力，以免在势力逐渐强大的中国军队压迫下，导致日军在中国战场上已经陷入防守态势的局面全面崩溃。

不过，对于看似如此好处多多的作战计划，在日本也是有不赞成的声音，例如陆军省军务局军事课长西浦进大佐就强烈地反对，他认为这个作战计划规模太大，已经不是当时日本的军事力量可以担负得起的，而且即使日军成功地打通了这条大陆交通线，也未必在事后有能力继续维持和保护这条交通线，更可怕的是若作战失败的话，其所造成的损失难以在短时间内弥补回来，如此一来将影响日本在太平洋战区的后续作战能力以及整个战争的进程。所以这是个典型的疯狂计划，用饮鸩止渴来形容是毫不为过的。连日军中国派遣军总司令官畑俊六也承认：“（此次作战）与实力、资财，尤其战力全面下降之状况，殊不相称。”

但是，当时日本内阁总理兼陆军大臣东条英机，因为特别担心美军B-29长程轰炸机会利用中国西南地区的机场空袭日本本土，危及皇室住所及人员的安全，再加上日军在中国大陆以外的各战线上连连败北，还不断传来守军“玉碎”（即全军覆没）的消息，已经使得日本国内的民心士气低落到谷底，因此借由发动较有把握获得重大胜利的陆上战斗来提振军民士气，是当前日本全国上下都很需要的一个强心剂。除此之外，陆军出

■中国派遣军总司令官畑俊六大将（1944年6月2日晋升为元帅），任职期间为1941年3月1日—1944年11月23日。

身的东条英机心中还有一项不能说的秘密，那就是日本军队中长久以来的陆、海军内斗，使他也想借由这次以陆军为主导的胜利作战，好好地重挫一下已经在战场上灰头土脸的海军的颜面。于是，东条英机最后批准了这个计划。

1943年12月31日，日军大本营参谋总长杉山元元帅在御前会议中上奏日本天皇，明确说明了进行这样一场大规模战役的战略意图："摧毁中国西南要地的敌各机场，以保本土及中国东海的防护安全为第一目的。打通大陆后，即使在海上与南方的交通被切断，也可以经过大陆运输南方的物资，以加强战斗力，为其第二目的，同时作为附带收获，可以取得敌占区的钨矿等重要资源。"

1944年1月24日，日本天皇批准了《大陆令九二一号》作战命令，根据此一命令，日军参谋本部以参谋总长指示的名义向"中国派遣军"下达了作战纲要，战役代号为"一号作战"。因为此次大会战主要是在河南、湖南和广西进行，所以中国方面也称之为"豫湘桂会战"。

"一号作战"的准备与发动

为了确保"一号作战"的成功，日本方面几乎动员了当时国力上可动员的全部力量，在兵力补充的优先级上，立即将中国派遣军的缺额需求置于太平洋战区之前。除此之外，还从驻防在中国东北防范苏联南下的关东军里抽调出第27师团编入中国派遣军，并暂停了从中国派遣军调往太平洋战场4个师团的原计划，另外还从负责防卫日本本土的本土军中抽调了14个独立步兵旅团、8个野战补充队（每个补充队的兵力相当于1个旅团），共约15万人加强给中国派遣军，使得准备投入此战役的总兵力达到了约51万人，另外还有坦克800辆、火炮1500门、汽车15500辆，日军在此一作战的动员堪称"明治维新"以来最大，规模甚至远超日俄战争时的两倍，据日军记载："日俄战争时期的奉天会战，与之相比，在人员数目，作战区域的广泛，特别是作战距离方面，以及预计作战日期方面都是望尘莫及的。"求胜之心可谓十分明确。

■豫湘桂会战日军主要的指挥官：华北方面军司令官冈村宁次大将（左）和第11军司令官横山勇中将（右）。

对于历来轻视后勤的日军来说，"一号作战"的后勤准备几乎是破天荒的，单是支援作战的航空部队的航空燃料，就有半年的储量，弹药的储量更是多达两年份。参战各陆军部队的粮弹储备，普遍都达到半年以上用量。从各地抽调增补给中国派遣军的地面弹药为4个师团的战役基数，航空弹药为2个飞行师团的月消耗量，汽车燃料4000万公升，航空燃料1000万公升。运输工具方面，准备了马6.7万匹、汽车1.5万多辆、大小运输船1万艘，并且调动日本本土所有的道路、桥梁工程人员与器材，用于战线后方道路的维修。“一号作战”计划所需的其他物资，上至野战医疗设备，下到军靴军服，都一应俱全，因此“一号作战”可以说是日本军队成军以来，历史上前所未有的周密准备。

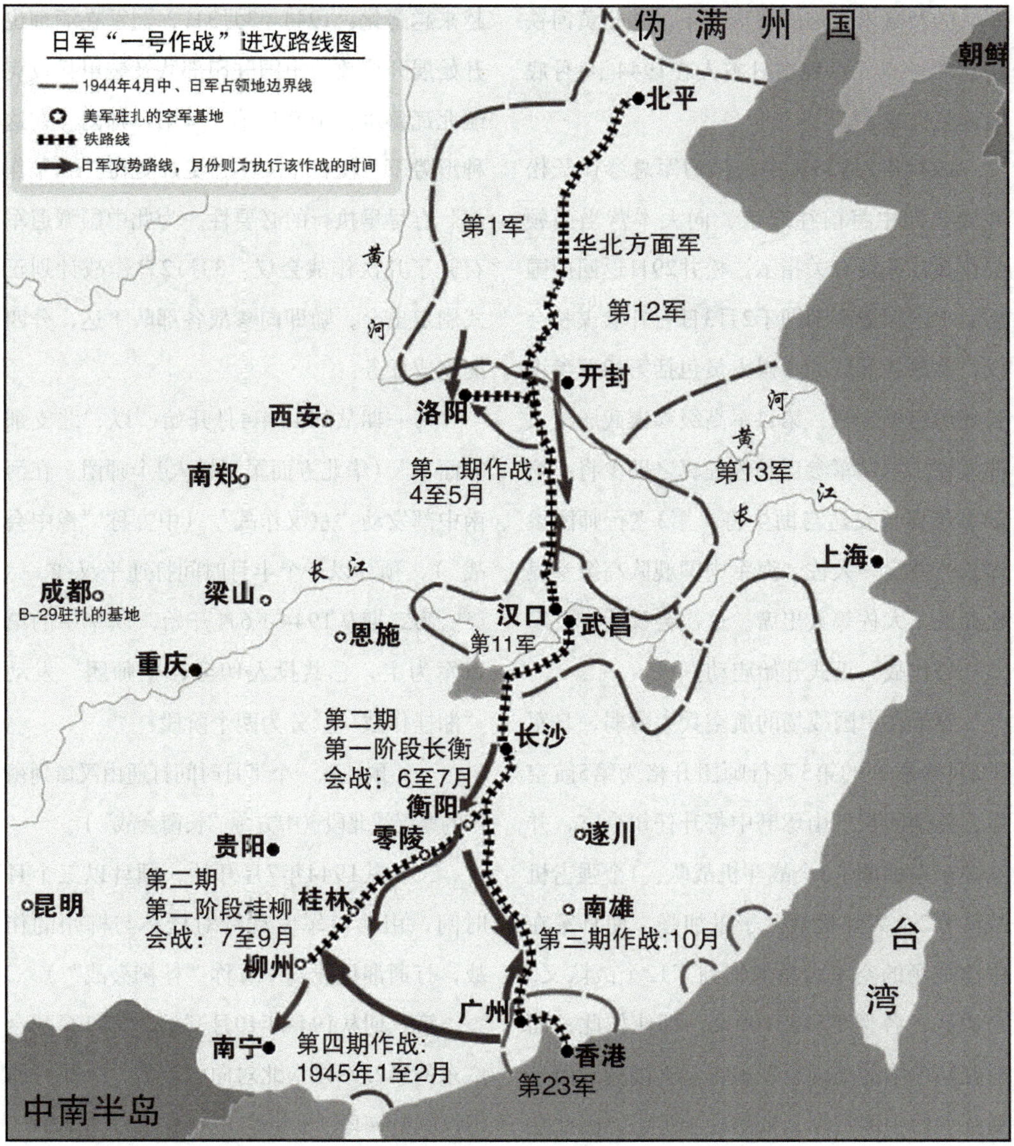

日军还从关东军那里调来一台原本准备用来渡过鸭绿江攻打苏联时使用的“重型架桥机”，在得到从日本国内前来支援道路、桥梁修建的专业工程人员与物资之后，便开始在黄河南岸的中国军队炮火下进行抢修平汉铁路上的郑州黄河铁桥。最后，在日军部署150毫米和100毫米重炮成功地压制了中国军队的75毫米火炮的情形之下，郑州黄河铁桥竟然一点一点地被日本人在1944年3月底时修复完成了。

1944年1月25日中国派遣军总参谋长松井太久郎中将前往东京，向大本营当面领受作战任务及有关指示。松井29日返回中国后，中国派遣军随即于2月3日召开参谋长会议，参战各部队的参谋人员包括第12军参谋长寺垣忠雄少将、第11军高级参谋武居清太郎大佐、第13军参谋长佐佐真之助少将、第23军参谋长安达与助少将、第3飞行师团参谋长吉井宝一大佐、海军中国舰队高级参谋松岛庆三大佐等人出席。这次会议后，日军“一号作战”正式开始启动。

鉴于在中国战场的航空兵力薄弱，日军于2月将原来的第3飞行师团升格为第5航空军，原师团长下山琢磨中将升任司令官，并从关东军抽调了3个战斗机战队、1个强击机战队和2个轰炸机战队予以加强，使日军在中国战场的空军力量增加到了12个战队又3个中队，各型飞机约100架。即使如此，面对驻防中国的美国空军和得到美国援助而日益强大的中国空军，依然处于劣势，因此在“一号作战”中日军仍无法取得有效的制空权，在战役期间不少地面部队由于中美空军的攻击而不得不采取白天分散隐蔽休息，夜间行军或运输的方法向战区开进，大大影响了部队的机动和后勤物资的运输。

“一号作战”命令和纲要下达后不久，在美军的猛烈攻势下，太平洋上的日军局势越来越恶化；1944年3月3日，盟军在缅甸也开始展开反攻，中国驻印部队及装甲兵攻克缅北瓦鲁班，全歼日军王牌第18师团。在这种形势下，使日军大本营更加觉得“一号作战”有尽早执行的必要性。为此中国派遣军召开了几次作战会议，3月12日作战计划正式制定出台，随即向参战各部队下达，分四期完成任务：

第一期从1944年4月开始，以“北支那方面军”（华北方面军）投入4个师团，在河南中部发动“京汉作战”（中方称“豫中会战”），预计以一个半月时间打通平汉线。

第二期从1944年6月开始，以华中的第11军为主，总共投入10至12个师团，发动“湘桂作战”，分为两个阶段：

一、预计以一个半月时间打通由汉口到衡阳的粤汉线北段（中方称“长衡会战”）。

二、从1944年7月开始，预计以三个月时间，由第11军发动针对桂林与柳州的作战，打通湘桂线（中方称“桂柳会战”）。

第三期从1944年10月开始，第11军配合广东的第23军以南北对向的攻势，分兵打通粤汉线的南段。

第四期是在平汉、粤汉线打通之后，于1945年1月以第23军为主力发动广西作战，攻占广西往越南的通路，确保大陆交通线的畅通。

为确保战役胜利，日军大本营还命令“南方军”在缅甸、越南发动攻势，牵制当面的中国军队，以策应“一号作战”。

另一方面，从1944年2月开始，在中国保卫西南地区的第14航空队，其情报单位已经相继侦察到日军在黄河河套和广东香港地区大量物资集结的活动，其司令官陈纳德将军明确地认为日军准备在中国战场上发动一次大规模的作战，但是对于他的警告美方并不想让重庆方面的中国政府完全知道。因为当时担任中国战区参谋长的史迪威将军害怕陈纳德的预测，会让蒋介石撤回正在缅甸作战的中国驻印部队，使他无法完成进行中的第二次反攻缅甸作战。

史迪威在1942年1月1日盟军中国战区统帅部成立时，即已担任同盟国“中国、缅甸、印度战区”的总参谋长（最高司令为蒋介石），而且还在当年指挥了中国远征军的第一次入缅作战，结果因为他本人缺乏实战经验又故意忽视中国方面的提醒，加之英军的怠战，以致后路遭到日军的迂回切断，造成中国远征军陷入被日军包围的险境，使得中国远征军的第一次入缅作战以失败告终。所以，史迪威说什么也不愿意失掉这次重新反攻缅甸、让自己能一雪前耻的机会。于是，史迪威在有情报显示日军有迹象想要在中国战场上发动攻击时，不但一方面散布“日军没有具备在华大举进攻的能力……日军的攻击只是例行出击的演习……”等评论，还一方面以停止美援为要挟，迫使蒋介石同意再从云南调派中国部队进入缅甸，支援他发动的第二次反攻缅甸作战。

1944年4月1日，在日军发动“一号作战”已准备就绪之时，中国政府却将精锐的20万部队派入缅甸，让中国战场上的中国守军处于极不利的处境。

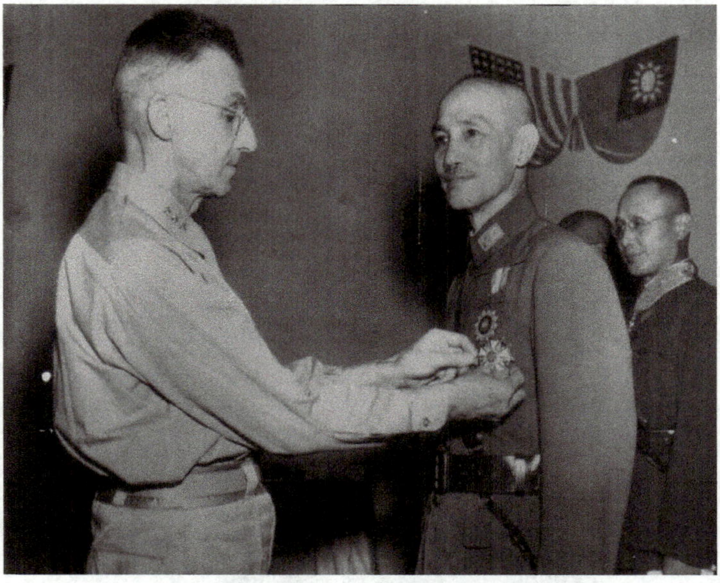

■1943年7月7日，史迪威代表美国总统罗斯福授勋予蒋介石“荣誉军团总司令勋章”。史迪威与蒋介石长期不和也间接造成了中国军队在豫湘桂会战的溃败。

第二章
大陆打通作战

豫中会战

1944年2月，日军华北方面军按照大本营的《一号作战纲要》开始制定平汉路作战计划，计划至少投入65个大队。作战将分两个阶段进行，第一阶段突破中国守军的防线，主力集结于黄河南岸；第二阶段沿平汉线南下，至郾城附近向西迂回，围歼中国军队第一战区部队的主力，并攻占洛阳，打通平汉线。3月开始为“一号作战”计划调集部队和作战物资。但是第12军认为中国守军正面防线的防御力量较强，不易突破，因此决定先由中牟地区的部队渡过黄河，进至郑州、密县地区，再迂回黄河铁桥守军的侧后，与正面部队形成前后夹击之势。

负责河南作战的日军部队为第12军、第1军、第11军和第13军各一部，共4个主力师团、4个独立旅团、1个战车师团及1个骑兵旅团，总兵力约15万人，由华北方面军司令官冈村宁次统一指挥。主力为第1军的第62师团和第12军的第110师团、战车第3师团、骑兵第4旅团。以首次投入中国战场的战车第3师团为前导，自华北渡过黄河沿平汉铁路南段南下，一路猛攻中国军队，并准备与由南向北攻上来的日军第11军会合，另有日军第13军自东面策应，牵制中国军队部署于平汉铁路东边阵地的守备兵力。4月初，日军参战部队在豫北地区完成集结，并修复了郑州以北的黄河大桥。此时河南地区的中国军队隶属于第一战区，司令长官蒋鼎文，副司令长官汤恩伯，共有8个集团军、1个兵团、17个军、43个师，总兵力约39万人。当军委会察觉日军有在河南发动攻势的迹象时，还从西北的第八战区和湖北的第五战区抽调部队增援第一战区。

4月17日夜，日军第12军首先从河南中牟县发起攻击，战至18日凌晨，中国守军暂编第27师的阵地被突破。日军随即兵分两路，独立混成第7旅团沿新黄河（今贾鲁河）西岸向柴桥攻击前进，第37师团则分路向郑州、新郑、洧川、尉氏推进。19日拂晓，日军第37师团的先头部队第227联队第1大队就进至郑州车站，并袭占了郑州北门附近的一段城墙。当晚日军独立混成第7旅团和第37师团的主力在尉氏以北会合，形成了对尉氏的合围，尉氏守军暂编第15军只得弃城突围。第37师团第225联队在击退守军新29师后，于19日晚占领郭店（位于新郑以北十余公里处）。独立混成第7旅团未遇抵抗，于21日凌晨到达新郑，拂晓开始攻城，8时攻入城内，守军新29师、新42师的部队撤走，日军占领新郑。

在黄河铁路桥正面战线的日军也在中牟方向开始进攻、将守军注意力吸引到侧翼后，于18日晚利用夜色掩护进入黄河南岸的邙山桥头堡。19日凌晨便在猛烈炮火掩护下向邙山下的汉王城发起攻击，激战至中午汉王城守军预备第11师一个营全部牺牲，汉王城遂告失守。守军立即以预11师的预备队第

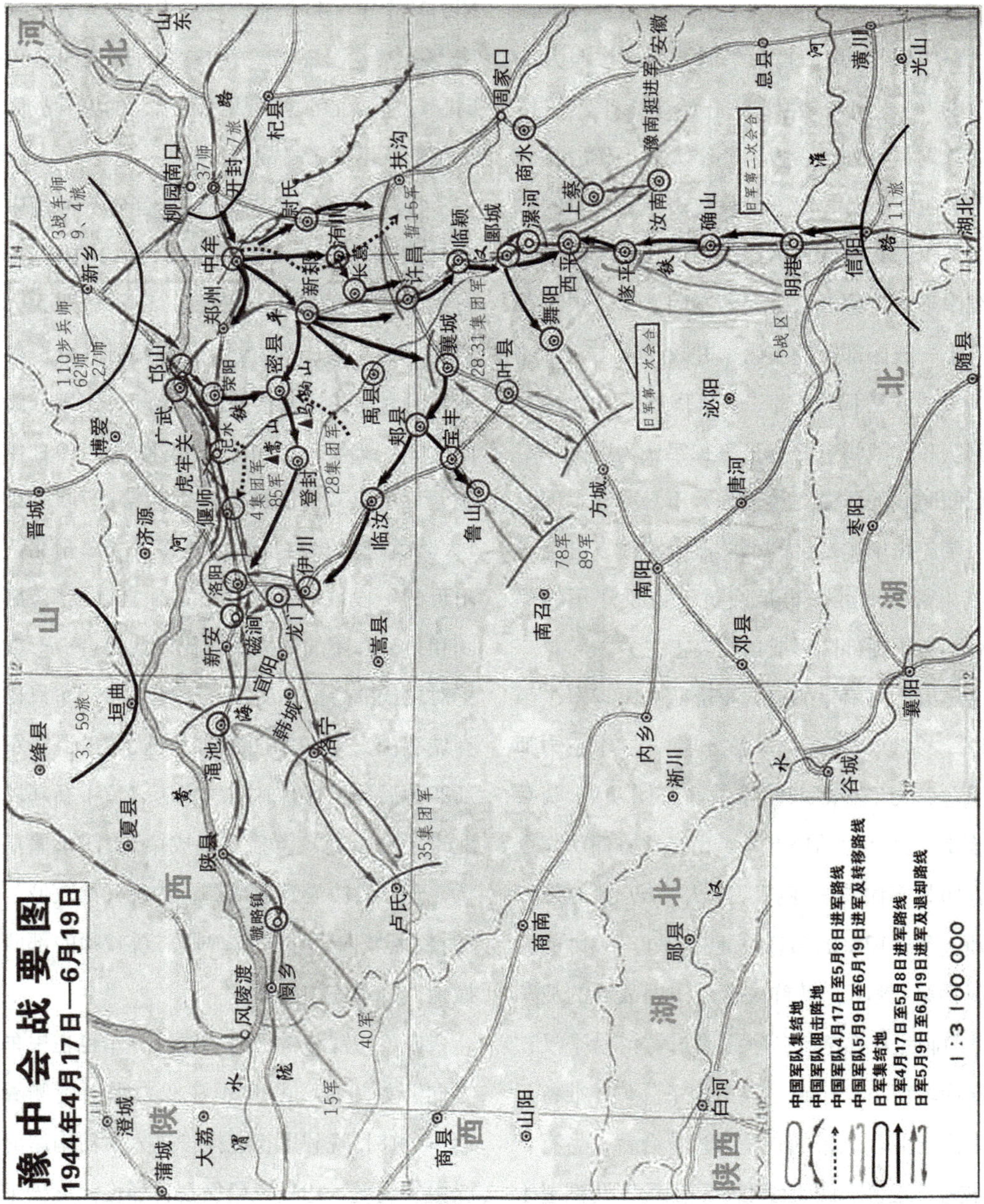
豫中会战要图
1944年4月17日—6月19日
中国军队集结地
中国军队阻击阵地
中国军队4月17日至5月8日进军路线
中国军队5月9日至6月19日进军及转移路线
日军集结地
日军4月17日至5月8日进军路线
日军5月9日至6月19日进军及退却路线
1:3 100 000

豫中会战中国军队战斗序列（1944年4月上旬）

第一战区 司令长官 蒋鼎文，副司令长官 汤恩伯

第4集团军 总司令 孙蔚如
　第38军 张耀明
　　第17师 申及智
　　新编第35师 孔从周
　第96军 李兴中
　　第177师 李振西
　　新编第14师 陈子坚

第14集团军 总司令 刘茂恩
　第15军 武庭麟
　　第64师 刘献捷
　　第65师 李纪云

第15集团军 总司令 何柱国
　骑兵第2军 廖运泽
　　骑兵第3师 徐长熙
　　暂编第14师 李鸿慈
　骑兵第8师（集团军直辖） 马步康

第19集团军 总司令 陈大庆
　暂编第9军 霍守义
　　第111师 孙焕彩
　　第112师 王秉钺
　　暂编第30师 洪显成
　第33师（敌后游击，集团军直辖）段海洲

第28集团军 总司令 李先洲
　第85军 吴绍周
　　第23师 张文心
　　第110师 廖运周
　　预备第11师 赵琳
　第89军 顾锡九
　　第20师 赵桂森
　　新编第1师 刘汉兴
　暂编第15军 刘昌义
　　新编第29师 吕公良
　　暂编第27师 萧劲

第31集团军 总司令 王仲廉
　第12军 贺粹之
　　第22师 谭乃大
　　第81师 葛开祥
　　暂编第55师 李守正
　第13军 石觉
　　第4师 蔡剑鸣
　　第89师 金式
　　第117师 刘漫天
　第29军 马励武
　　第91师 全瑛
　　第193师 郭文灿
　　暂编第16师 吴求剑

第36集团军 总司令 李家钰
　第14军 张际鹏
　　第83师 沈向奎

第85师 王连庆
第94师 张世光
第47军 李宗昉
第104师 杨显明
第178师 康庄

第39集团军 总司令 高树勋
新编第8军 胡伯翰
新编第6师 范龙章
暂编第29师 尹瀛洲

刘戡兵团（战区直辖）
第9军 韩锡侯
第54师 史松泉
新编第24师 夏季屏
暂编第4军 谢辅三
第47师 杨蔚
暂编第4师 马雄飞

第78军（战区直辖） 赖汝雄
新编第42师 彭赍良
新编第43师 黄国书
新编第44师 姚秉勋

泛东挺进军(战区直辖) 总指挥 陈又新
暂编第1旅 鲍汝澧
暂编第2旅 张清秀
暂编第3旅 李全

支援部队
第五战区第2集团军 总司令 刘汝明
第39军 刘尚志
第56师 孔海鲲
暂编第51师 史宏熹
第55军 曹福林
第29师 荣光兴
第74师 李益智
第68军 刘汝珍
第119师 刘广信
第143师 黄樵松
暂编第36师 崔贡琛
骑兵第3军 贺光谦
骑兵第9师 施健康

第八战区第34集团军 总司令 李延年
第1军 张卓
第167师 王隆玑
第16军 李正先
第109师 戴慕贞
预备第3师 陈鞠旅
第27军 周士冕
预备第8师 林伟宏
第40军 马法五
第39师 司元恺
第106师 李振清
新编第40师 崔玉海
第57军 刘安祺
第8师 吴俊
第97师 刘安祺/傅维藩

注：以上资料为主要参战部队，从事敌后游击、敌后工作之部队与民兵均未列入。

■1944年4月，豫中会战攻势开始前不久，在武汉集结的日军步兵和战车部队。

33团实施反击，但日军后续部队不断投入战斗，反击失利。日军在邙山一线的突破口进一步扩大，铁路桥正面中国守军第85军只得后撤。正面防线随之洞开，日军第62师团沿平汉路直趋郑州，第110师团则向密县推进。二梯队的战车第3师团和独立步兵第9旅团等部也于20日拂晓渡过黄河，全力扩张。日军第110师团及第37师团第225联队分由北、东两面向密县进攻，于24日占领密县，并继续向登封推进。25日，第110师团一部攻占虎牢关。至此，日军第12军主力在新郑以南地区完成了集结，准备于始下一阶段作战。

4月26日，日军第12军在新郑召开参战部队各师团长、旅团长军事会议，商议下一阶段作战计划。27日晚正式下达下一阶段作战命令：第62师团前出至许昌西南，切断中国守军向西南的退路；第37师团进攻许昌，而后以主力向舞阳推进；第27师团进攻郾城，与北上的第11军会合；独立混成第7旅团协同第37师团进攻许昌，占领许昌后以一部守备许昌，主力向禹县推进；骑兵第4旅团前出至北舞渡（位于舞阳正北偏东20公里处），向临汝推进；战车第3师团以一部配合第37师团进攻许昌，主力则直取临汝。各部于30日凌晨开始行动。

4月29日夜日军第62师团首先开始行动，一举突破中国守军颖河防线，从而有力地掩护其他部队进入攻击出发位置。30日拂晓，日军开始猛攻许昌，守军新编第29师拼死抵抗，激战至下午5时30分，日军从许昌城西和城南突入城内，守军伤亡惨重，已然无力将日军击退，新29师被迫于当晚从许昌东北角突围，师长吕公良在突围时阵亡。5月1日日军攻占许昌。日军随即组织部队南下，于5月5日攻占郾城，9日在确山与从信阳北上的日军第11军独立步兵第11旅团会师，至此完全控制了北起黄河铁桥，南至信阳以北长台关，长约310公里的铁路及其两侧地区，实现了战役第一期打通平汉路的目标。日军铁道部队随即开始修复线路、桥梁、供水设备、行车信号等铁路设施，10日从北平向汉口开出了第一班列车，但不久就在中美空军的猛烈轰炸下，尤其是黄河大桥被炸毁后，平汉线交通再告中断。

当日军第12军南进时，驻于上海地区的日军第13军奉中国派遣军之命，派第65师团长太田米雄率第71旅团和第64师团第69旅团，于4月25日开始，从东面（安徽方向）由凤台、正阳关向颍上、阜阳进攻，以牵制位于平汉路以东的中国第15、19集团军，策应第12军的作战。太田米雄恐孤军深入被歼，在27日占领颍上后，即缓慢前进，至5月6日，9天时间仅前进约30公里。当日军第27师团占领遂平，平汉路基本打通时，太田米雄于5月8日率所部返回原防。

■豫中会战冲锋中的日军步兵。

4月底，中国第一战区组织第31集团军下属第13军向密县实施反击，这次反击虽然迫使日军第110师团暂时转攻为守，但对于日军主力围攻许昌的行动并没有多

豫中会战日军战斗序列（1944年4月）

华北方面军 司令官 冈村宁次
第12军 司令官 内山英太郎
第37师团 长野佑一郎
步兵第225联队
步兵第226联队
步兵第227联队
第110师团 林芳太郎
步兵第110联队
步兵第139联队
步兵第163联队
战车第3师团 山路秀男
骑兵第4旅团 藤田茂
独立步兵第9旅团 长岭喜一

第1军 司令官 吉本贞一
第62师团 本乡义夫
步兵第63旅団 中岛德太郎
步兵第64旅団 有川主一
独立混成第3旅团 小原一明（军直属）
第69师团 三浦忠次郎（策应部队）
步兵第59旅团 本村千代太

第11军 司令官 横山勇
第27师团 竹下义晴
中国驻屯步兵第1联队
中国驻屯步兵第2联队
中国驻屯步兵第3联队
独立步兵第11旅团 宫下文夫（军直属）
第64师团 船引正之（策应部队）
步兵第69旅团 岩切秀

第13军 司令官 永津佐比重
第65师团 太田米雄（策应部队）
步兵第71旅团 重松吉正

第63师团 野副昌德（菊兵团，直隶华北方面军）
步兵第67旅团 柳勇

独立混成第7旅团 多贺哲四郎（直隶华北方面军）

大的直接影响。日军深知第13军是中国第一战区的精锐核心部队，只要歼灭该军就可以彻底打垮第一战区，因此华北方面军在得知中国第13军向密县反击后，立即指示其第12军转兵予以围歼。日军第12军迅即行动，甚至不待占领许昌就下达了攻占许昌后立即向登封转进以围歼中国第13军的命令。日军第12军主力5月2日起开始转向登封，以第110师团由北向南，第62师团由东向西，战车第3师团和骑兵第4旅团由临汝向大金店（位于登封西南10公里处）方向突进，企图合围中国第13军。

第一战区面对日军的攻势，急令第85军将登封防务移交给第9军，迅速驰援临汝，同时组织第38军向日军第110师团反击。但就在中国军队新部署尚未就绪之时，日军第110师团5月4日已经突进至登封西北约16公里的圣水，切断了登封与偃师的联系。而战车第3师团也抢在第85军到达前攻占临汝，其先头部队甚至一路疾进，于当晚进至洛阳附近的龙门，这样一来中国第9军与第13军遭到日军分割，第9军的处境更为危险，已经被日军合围。

5月5日，第9军开始突围，但遭到日军沿途截击，大部溃散。同时第13军也于5日黄昏开始向临汝撤退，一路上不断遭到日军坦克部队的冲击，损失很大。据日军战史统计，第13军战死7040人，被俘965人，丢失105毫米火炮4门、75毫米山炮3门、迫击炮8门、重机枪22挺、轻机枪78挺、步枪1295枝。至5月8日，第一战区在登封地区的主阵地全部被日军占领。

5月9日日军第69师团从山西垣曲强渡黄河，至11日攻占渑池，缴获大量粮食和弹药等物资，切断了陇海路，使洛阳陷于孤立。10日，华北方面军下达进攻洛阳的正式命令，但是第12军认为眼下最重要的任务应该是歼击正在溃退的中国第一战区主力部队，因此仅以第110师团、独立步兵第9旅团和战车第3师团各一部对洛阳保持监视，主力分路沿洛水南岸向宜阳方向追击。5月12日，日军占领嵩县，切断汤恩伯兵团各部队之间的联系。13日日军在中国关内战场上惟一的机械化兵团战车第3师团占领磁涧，然后一路追杀，长驱直进，14日占宜阳，15日占韩城，17日占洛宁，20日占卢氏。第一战区各部队在日军的强大压迫下退至阌乡地区，战区司令长官部也退到阌乡东南的官庄。至此，洛阳完全被合围。中国军队为挽回战局，以第五、八、一战区部队向日军实施反击，一度克复遂平、鲁山、嵩县，逼近宝丰，截断平汉路，威胁日军侧背。日军随即收缩战线，放弃卢氏，退守洛宁，同时加紧对洛阳的进攻。

此时洛阳的守军为第15军和第14军第94师，共7个团。5月18日，日军开始进攻洛阳，守军顽强抗击，使日军攻击连连受挫。22日，日军三次攻入洛阳城关，都被守军逐出城外。23日日军持续攻击并肃清洛阳外围，守军伤亡惨重，第94师只剩下1700多人。24日日军开始总攻城垣，于13时许首先攻破洛阳西北角，守军仍坚持巷战，17时洛阳东北角也被日军突破，18时20分日军坦克部队进入洛阳城内，第15军军长武庭麟见大势已去便下令突围，天黑后大部守军撤出洛阳，少数未接到突围命令的守军仍在继续苦战，洛阳城内的巷战彻夜不停，日军直到25日8时才完全占领洛阳。

5月21日，正在撤退的中国第36集团军总部在陕县张家河遭到设伏于秦家坡的日军伏击，总司令李家钰在激战中殉国，6月22日国民政府追晋他为陆军上将，这是抗战中中国军队阵亡的最高级别将领之一。

在短短39天里，中国军队丧师失地，一

路溃退，主要原因是军委会此前虽然已经发现日军修复黄河铁桥、集结兵力等迹象，但认为日军没有力量在中国战场的南北两个方向同时发起大规模进攻，甚至在河南战斗打响后，仍认为日军的主攻方向是在湖南和粤汉线，而在河南的作战只是牵制性的，所以作战准备以及对日军攻势估计不足。再加上当时美军第14航空队大部分实力被史迪威调到缅甸支援作战，在缺乏空中支援的状况下，根本无法有效抵抗日军的攻势。

中国战史资料统计，在河南作战中，第一战区中国军队伤亡19144人，日军伤亡约4000人。而日军战史称自身伤亡3350人，中国军队阵亡3.3万人、被俘7800人。第一战区在战役结束后检讨说："此次中原会战，挫师失地，罪戾难辞。"日军以很小代价迅速打通平汉路，并占领沿线各要点以及包括洛阳在内的豫西诸要地，击溃了第一战区的主力，实现了预定的战役企图。鉴于第一战区的惨重失利，第一战区司令长官蒋鼎文和副司令长官汤恩伯均被撤职。

1944年6月2日，日军第12军主力攻取洛阳之后，中日双方在陕县、洛宁、嵩县、鲁山一线暂时形成对峙。中国部队一度收复确山、漯河等地，以牵制西进的日军。陈纳德将军的第14航空队也出动轰炸郑州黄河铁桥，使日军才刚刚成功控制的平汉铁路线再度中断。

■豫中会战中的日军"九七"式中型战车及"九五"式轻型战车混合编队。

第四次长沙会战

打通平汉路的豫中会战只是打通大陆交通线的北翼部分，“一号作战”的第二期作战亦即主要部分是日军所谓的“湘桂作战”，其第一阶段是在湖南地区的作战，中方称为“长衡会战”（第二阶段为“桂柳会战”），其前段战役是攻打长沙，因此日本人将之称为“第四次长沙会战”。负责这一地区作战的日军第11军是日军在中国战场惟一的野战军，下辖8个师团又1个旅团，为了保障有足够的兵力实现“湘桂作战”，日军大本营还从其他地区抽调了2个师团又4个旅团、战车第3联队、炮兵4个联队加强给第11军，并组建了6个野战补充队以便及时补充战斗中的伤亡，还组建了武汉防卫军，负责第11军主力离开武汉后的守备任务。这样就使得第11军的总兵力（含后勤人员）达到了空前的36.2万人（前线实际作战人数约25万人）①。

第11军早在1944年3月就制定出了进攻长沙、衡阳的作战计划，但是中国派遣军认为该计划过于消极，而第11军负责拟制作战计划的高级参谋坚决不肯修改计划，只好改调关东军第1方面军高级参谋岛贯武治来担任第11军的高级参谋。岛贯拟制的新计划所使用的主力达8个师团，为七七事变以来在中国战场上最大规模的战役。其中第一线便投入5个师团，兵分三路：

东路第3、第13师团为第一梯队，在平江、浏阳、萍乡、茶陵进行左翼迂回，第27师团为第二梯队。

中路第68师团、第116师团主力为第一梯队，沿岳阳至衡阳铁路实施正面推进，第34、58师团为第二梯队。

西路第40师团（配属第116师团第109联队及独立混成第17旅团各两个大队），由南县渡过洞庭湖，在湘江以西的益阳、宁乡、湘乡进行右翼迂回。

当一线部队进至长沙、浏阳、宁乡一线后，二线部队3个师团投入战斗。该计划上报并获得中国派遣军批准，第11军随即开始进行紧张的备战，赶修公路，囤积弹药。

作为“一号作战”的重要目标，便是由第11军负责攻占的长沙、衡阳；在打通平汉路之后实施该计划就提上了日程。4月25日，日军第23军作战主任参谋高桥晃来到汉口，与第11军协商两军协同作战事宜，双方商定第23军从6月下旬起以1个联队兵力开始向北江西岸进攻，策应第11军作战；7月下旬则以2个师团又1个旅团的兵力向梧州进攻，至9月初与第11军主力在柳州会师。同时在浙江方面的第13军也将以1个师团的兵力进攻衢州，牵制吸引中国军队第三战区主力以策应第11军。

①长衡会战日军总兵力参考了武汉汽车工业大学人文社科院讲师柯育芳之《长衡会战日军参战兵力述考》。

5月6日中国军委会电令第九战区：“长沙薛长官：愫密。由赣北直攻株洲与衡阳之情报甚多，务希特别注意与积极构筑据点工事，限期完成，以防万一为要。中正手启。辰麻机渝。”

5月14日军委会再次电令第九战区：“长沙薛长官：愫。敌军打通平汉路以后，必继续向粤汉路进攻，企图打通南北交通线，以增强其战略上之优势，其发动之期，当不在远，务希积极准备，勿为敌寇所乘，以粉碎其企图为要。中正手启。寒机渝。”但军委会的这几次电令都未引起第九战区足够的重视。

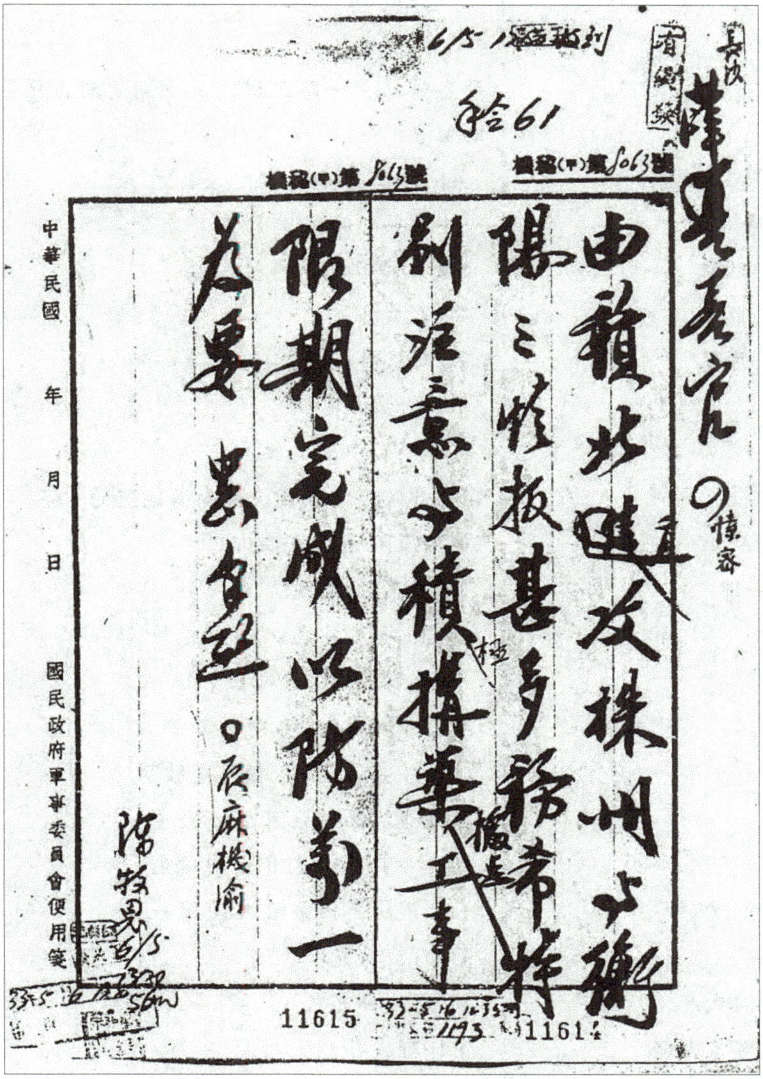

■1944年5月6日，军委会委员长蒋介石自重庆致电薛岳司令长官，指示敌情及构筑据点工事电文原稿。

豫中会战一结束，军委会就判断日军必将向湖南的湘桂路、粤汉路进攻，再次指示第九战区积极备战。随着日军第11军频繁调动，军委会认为日军即将开始南犯，于5月28日电令第九战区准备决战。直到此时，日军在湘北集结兵力囤积物资，其进攻意图已十分明显，第九战区这才开始仓促调整部署。

5月23日，第11军军部从汉口前移至蒲圻（今赤壁市），24日下达“湘桂作战”命令。25日中国派遣军在汉口设立前进指挥部，直接指挥湖

长衡会战日军战斗序列（1944年5月中旬）

第11军 司令官 横山勇

攻击部队：

第3师团 山本三男

步兵第6联队

步兵第34联队

步兵第68联队

第13师团 赤鹿理

步兵第65联队

步兵第104联队

步兵第116联队

第27师团 竹下义晴

中国驻屯步兵第1联队

中国驻屯步兵第2联队

中国驻屯步兵第3联队

第34师团 伴健雄

步兵第216联队

步兵第217联队

步兵第218联队

第37师团 长野佑一郎

步兵第225联队

步兵第226联队

步兵第227联队

第40师团 青木成一

步兵第234联队

步兵第235联队

步兵第236联队

第58师团 毛利末广

步兵第51旅团 野沟弍彦

步兵第52旅团 古贺龙太郎

第68师团 佐久间为人/堤三树男

步兵第57旅团 志摩源吉

步兵第58旅团 太田贞昌

第116师团 岩永汪

步兵第109联队

步兵第120联队

步兵第133联队

警备部队：一路跟进，负责湖南新占区的留守

第64师团 船引正之

步兵第69旅团 岩切秀

步兵第70旅团 冈村胜实

第1野战补充队

第2野战补充队

第11野战补充队

守备部队：负责武汉及南昌地区的守备

第39师团 澄田弍四郎

步兵第231联队

步兵第232联队

步兵第233联队

独立步兵第5旅团 野地嘉平

独立步兵第7旅团 松野尾胜明

独立步兵第11旅团 宫下文夫

独立步兵第12旅团 村田孝生

独立混成第17旅团 岸川健一

第5野战补充队

第9野战补充队

第10野战补充队

注：

1. 以上资料不包含部分为数不少之第11军直属和配属部队。
2. 第37师团原为豫中会战参战主力部队，1944年8月中始南下到达战场，26日正式编入第11军，对攻占衡阳后的战局产生了一定的影响。
3. 第11军攻占长沙后，武汉防卫军（第39师团等）即划归中国派遣军直辖，脱离第11军编制，但仍执行确保汨罗江以北武汉地区治安之任务。

南作战。至此日军完成预定的战役集结，第一梯队5个师团位于华容、崇阳一线，第二梯队3个师团位于监利、蒲圻一线，参战各部均已到达进攻出发位置，同时负责空中支援的第5航空军也开始空袭长沙，并与中美空军发生空战。

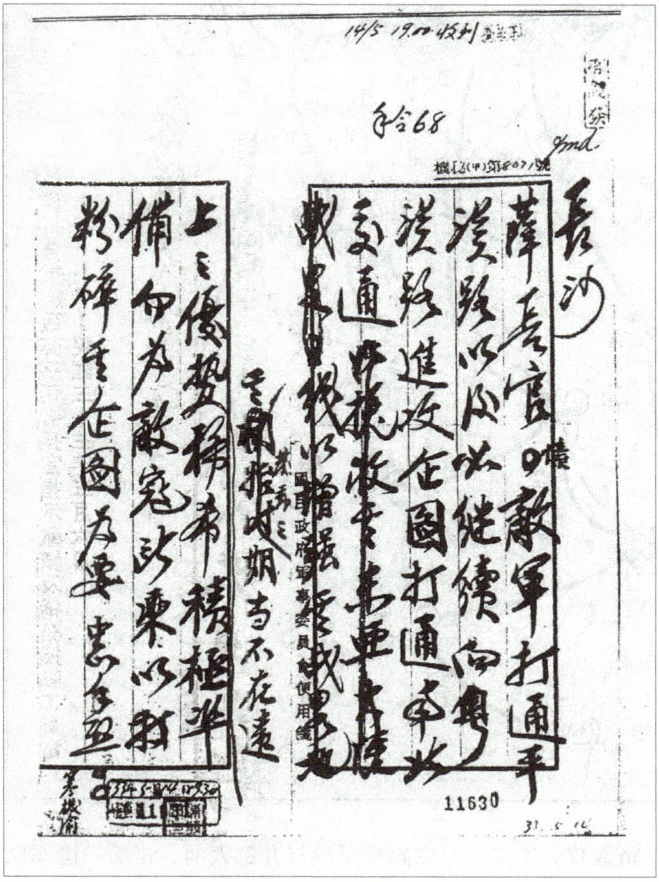

■1944年5月14日，军委会委员长蒋介石自重庆致电薛岳司令长官，指示积极准备以粉碎敌打通南北交通线之企图电文原稿。

27日，日军第11军第一梯队的5个师团兵分三路向崇阳、岳阳、南县一线发起攻击。见日军大举来犯，第九战区司令长官薛岳还是想以此前曾多次奏功的“天炉战法”抗击日军，决心在湘江以东新墙河、汨罗江、捞刀河、浏阳河、渌水之间，在湘江以西的资水、沩水、涟水之间节节抗击，主力从两翼夹击，在渌水、涟水北岸与日军决战。

东路日军接连突破中国军队阻击，于6月1日攻占平江，6月9日中国以第27集团军向日军发起反击，日军猝不及防，阵脚大乱，但稍加整顿稳定战局后便重新恢复进攻，迫使中国军队后退，随后日军一路追击，6月15日攻占浏阳。

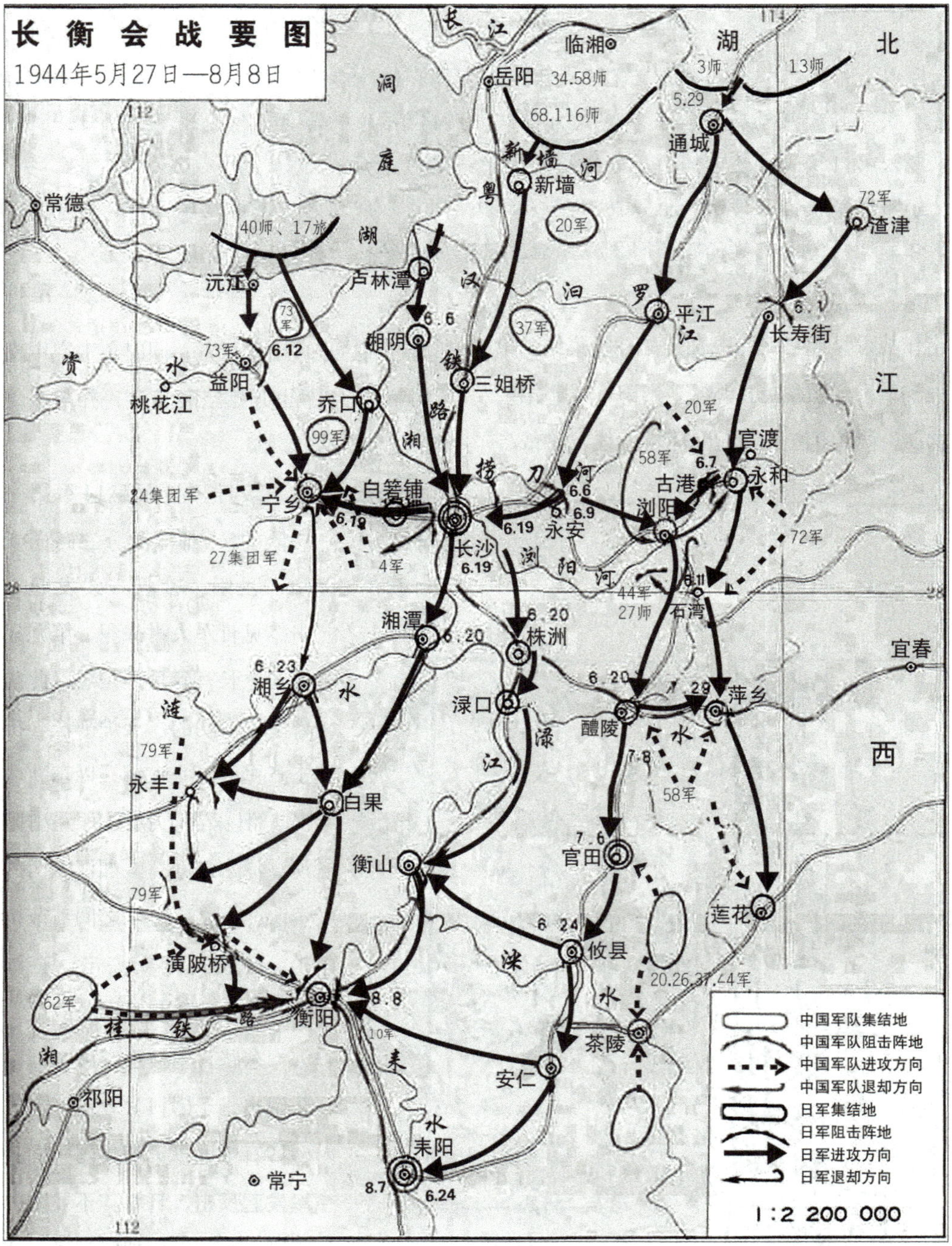

中路日军强渡新墙河后，一路猛攻，8日攻陷湘阴，15日攻陷株洲，从南翼迂回长沙。

西路日军渡过九都大河，击破中国军队防御，于28日攻占南县，继而再攻安乡，守军与日军激战至31日，战况殊为激烈，守军终因伤亡惨重而不得不退出安乡。日军自6月10日起围攻益阳，第九战区急调第24集团军驰援，但该部先头部队第100军抵达益阳时，守军已经因伤亡过半而弃守，第100军随即发起攻击，经激战后一度收复益阳，后在日军强大压力下撤退。

日军攻占益阳后即以主力南下径攻宁乡，克服中国守军第73军、第79军的顽强防御，于14日猛攻宁乡，守军为配属第73军的第74军第58师——第74军是当时中国军队的头号王牌，指挥第58师作战的正是新近刚刚升任副军长并于日后升任军长的张灵甫。该师此时正配属第73军，负责掩护长沙的侧背，师主力部署在沩水南岸，守备宁乡县城的是第173团和第174团第1营，另加强师迫击炮营的1个连。面对优势日军的猛攻，该部拼死抗击，甚至多次与日军白刃肉搏。战至16日，守军终因伤亡惨重再难以击退日军攻势，日军突破城垣冲入城内，但守军仍与日军逐巷逐屋反复争夺。

在得知城垣被突破后，张灵甫同意第173团团长何澜可以酌情突围。何澜随即率残部突围，但受到日军三面火力封锁，突围失败，何澜也身负重伤。在这样的危急情况下，第173团团附蔡亚谔挺身而出，指挥残部220多人退守福音堂继续战斗。此时攻击宁乡的日军也不断遭到外围中国部队的多路围攻，正忙于应付，因此居然攻了一天也没能攻占这个仅有200多人的小据点。19日日军只得撤围宁乡，转兵湘乡，尾随日军南下的第100军随即进入宁乡与福音堂的守军会师。在中国军队士气低迷时刻，第58师第173团独守孤城五昼夜，死战不退，成为鼓舞士气的样板。蔡亚谔因功被授予云麾勋章，并获得4万元奖金。宁乡之战也成为湖南战役初期的少见亮点之一，并凸显出第74军头号王牌军的强悍战力。

6月14日，日军已逼近长沙，开始攻击长沙外围阵地。鉴于此前三次攻长沙不克的教训，日军此次进攻比较谨慎，在兵力使用上担负主攻的部队特意挑选了兵员主要来自九州岛南部、战斗作风比较强悍的第58师团，并在战前着重进行了攻坚作战的强化训练。而预定攻击岳麓山（位于长沙西郊湘江西岸）的第34师团也强化进行了山地战的训练。在战术运用上，针对薛岳的“天炉战法”，采用了新的战术，先攻两翼的浏阳、宁乡，解除侧翼威胁，然后才开始进攻长沙。

长沙守军为第4军，辖第59师、第90师、第102师及配属炮兵第3旅，总兵力1万多人。第4军以主力第59师和第102师守备长沙市区，仅以第90师防守岳麓山。

16日日军向长沙及岳麓山全线发起总攻，第34师团当天便夺取了岳麓山东西两侧的虎形山和牛形山，第58师团也在黄昏时分突破长沙城南修械所阵地，致使守军第59师全线动摇退守妙高山、天心阁。17日日军猛攻天心阁，双方均死伤惨重，中国军队在空军大力支援下击退日军。但在岳麓山方向，日军第68师团第58旅团迂回至燕子山，守

长衡会战中国军队战斗序列（1944年5月底）

第九战区 司令长官 薛岳，副司令长官 王陵基、王缵绪、杨森
 第1集团军 总司令卢汉，副总司令孙渡
  第58军 鲁道源（孙渡指挥）
   新编第10师 萧本元
   新编第11师 侯镇邦
  新编第3军 杨宏光（孙渡指挥）
   新编第12师 唐宇纵
   第183师 余建勋

 第24集团军 总司令 王耀武
  第73军 彭位仁
   第15师 梁祇六
   第77师 唐生海
   暂编第5师 梁化中
  第74军 施中诚
   第51师 周志道
   第57师 李琰
   第58师 张灵甫/蔡仁杰
  第100军 李天霞
   第19师 唐伯寅
   第63师 徐志勖

 第27集团军 总司令 杨森（兼），副总司令 李玉堂、欧震
  第20军 杨汉域
   第133师 周翰熙
   第134师 刘席涵
   新编第20师 李子亮
  第44军 王泽浚
   第150师 赵壁光
   第161师 熊执中
   第162师 何葆恒

 李玉堂兵团
  第10军 方先觉
   第3师 周庆祥
   第190师 容有略
   预备第10师 葛先才
  暂编第54师 饶少伟（战区直辖，暂归第10军指挥）
  第46军 黎行恕
   第175师 甘成城
   新编第19师 罗活
  第62军 黄涛
   第151师 林伟俦
   第157师 李宏达
  第79军 王甲本
   第98师 向敏思
   第194师 龚传文
   暂编第6师 赵季平

 欧震兵团
  第26军 丁治盘
   第41师 董继淘
   第44师 蒋修仁
  第37军 罗奇
   第60师 黄保德

第95师 何旭初	新编第15师 江涛
第140师 毛定松	战区直辖
暂编第2军 沈发藻	第4军 张德能
暂编第7师 王作华	第59师 林贤察
暂编第8师 张君嵩	第90师 陈侃
	第102师 陈伟光
第30集团军 总司令 王陵基（兼）	第99军 梁汉明
第72军 傅翼	第92师 艾瑷
第34师 祝顺锟	第99师 朱志席
新编第13师 唐郇伯	第197师 周鸿恩

注：本战斗序列仅列师级以上单位。

军第90师第268团伤亡惨重，岳麓山岌岌可危，由于岳麓山是制高点，且又是守军炮兵阵地所在地，一旦有失，长沙也必将不保，因此指挥长沙防御的第4军军长张德能赶紧从市区守军中抽出4个团渡湘江驰援，但仓促下达命令，组织不力，官兵渡河秩序混乱，加之日军以火力侧击渡河部队，致使援军死伤甚众。这里特别提到一个情况，当时第4军军纪相当涣散，负责控制湘江上船只的军部副官处处长潘孔昭假公济私，利用所

■豫湘桂会战战斗中的日军重机枪部队，装备的是“九二”式重机枪。

控制的船只向外高价勒索中饱私囊，甚至调用5艘小火轮运载私人财物离开长沙，以致在调集援军渡河时缺少船只，造成渡河的困难。其部队之腐化可见一斑。

援军渡河之后，因实力大减，已难以挽回危局，岳麓山遂告失守。援军随后在日军尾击下溃散，一直退到邵阳才得到收容整顿，此时幸存官兵已所剩不到4000人。另外守军当时在长沙的炮兵力量相当之强，炮兵阵地就设在岳麓山，计有德制150毫米榴弹炮6门、苏制76.2毫米野炮11门、德制75毫米山炮12门、美制75毫米山炮12门、37毫米战防炮4门，且炮弹充足，每门炮备弹500至1000发。抗战时期，中国军队在一个战场上集中如此数量的炮兵，是非常罕见的。但是随着岳麓山失守，这些火炮自然也就落入日军之手，幸亏炮兵在最后关头破坏了火炮使敌军无法利用。如果衡阳守军能有这些火炮，或者只要有一部分，也足以给日军更多的打击。岳麓山一失，留守长沙的2个团更加无法抗击日军猛攻，只得由北门突围，长沙乃于18日沦陷。

曾经在三次长沙会战中屡挫日军锋芒、固若金汤的英雄之城——长沙，这次在日军的兵锋之下却仅仅四天就告陷落，实在令人难以置信。究其原因第一是第九战区过于轻敌，上至战区司令薛岳，下至列兵马夫，都认为经过三次长沙会战的胜利，日军已无再攻长沙的勇气与信心。第二是战术部署固步自封，盲目信任“天炉战法”可以无往而不胜，而日军却早已充分吸取教训，有了应对之策。第三是长沙防御兵力部署失当，原

■薛岳战术部署固步自封，盲目信任“天炉战法”，却早已为日军识破，因此造成第四次长沙会战的惨败，致长沙迅即失守。图为第一次长沙会战后薛岳会见战地记者，摄于1939年10月。

本薛岳亲自坐镇长沙指挥，但却在临战之前率战区司令部撤往耒阳，只留下战区参谋长赵子立在长沙，而给赵的权限却只是联络协同，根本指挥不动守军、薛岳的嫡系亲信第4军军长张德能，赵子立认为应加强岳麓山防御，但张德能却将主力置于长沙城内，结果日军迅速夺取岳麓山，居高临下以炮火轰击长沙，致使长沙难以坚守，迅速沦陷，可以说将主力置于长沙城内的错误部署是此次长沙迅速沦陷的重要原因。第四是兵力处于劣势，在湖南战场上日军投入兵力达36.2万人，而中国军队仅为30万人左右，虽然此时日军战斗力已比战争初期有了明显下降，但仍比中国军队要强。加之不少中国部队刚刚经过常德之战，未及补充，战斗力尚未恢复。综合而言，日军不仅在质量上而且在数量上均占有优势。

第4军军长张德能指挥不力也是长沙迅速失守的原因之一，其战场部署虽然是薛岳在离开长沙前就已经确定的，但作为临阵指挥完全可以随机处置，却不以战场实际为念，反以薛岳的指示作为挡箭牌拒绝接受参谋长赵子立的正确建议。在岳麓山告急后，仓促抽兵驰援，方寸大乱，组织混乱，调度失当，且在战局危急时擅自弃城突围，自然难逃罪责，因此8月25日即被军委会以“保卫长沙不力”之罪名下令处决。

长沙一失，日军下一个目标就是湘南重镇衡阳了。

■日军正在为轰炸机装备炸弹，准备前往轰炸衡阳机场。

第三章
衡阳保卫战

衡阳战备

衡阳，为湖南省境内的第二大城市，位于湘江西岸，因“北雁南飞，至此歇翅停回”、栖息于市区之回雁峰，自古即有“雁城”的美称，其城廓宽500米、长约1600米，南岳衡山在城市的北面，粤汉铁路与湘桂铁路在此交会，但不相接，因此衡阳有两个火车站，东站设于可通往汉口、广州的粤汉铁路，西站则设于通往柳州的湘桂铁路。中日战争初期，上海与汉口地区的大工厂有不少迁到湘江附近，使得衡阳的税收上升到全国第三，还被誉为“小上海”。除此之外，衡阳又有美军第14航空队在中国最大的基地（机场），因此，对于日军而言，攻占衡阳不仅有打通大陆交通线的效果，还可减轻美军利用湖南各地空军基地空袭日本的压力。

守备衡阳的中国部队是第10军，该军下辖第3师、第190师和预备第10师，为加强衡阳守备力量，第九战区将正在衡阳的第74军野炮营（该营正拟赴昆明换装，所属火炮大都已交出，仅余“三八”式野炮4门）、第48师战防炮营（57毫米战防炮6门）、第46军山炮营（75毫米山炮4门）各1个连以及担负衡阳机场警卫的暂编第54师1个团全部划归第10军，但第190师为后调师。所谓后调师是指将兵员全部转拨给友邻部队（该师兵员大部分转拨到第3师和预10师），仅保留班长以上各级军事干部，随后到后方接受新兵，加以整训后再归建。本来第190师

■第3师高层领导，摄于常德会战期间，左起参谋长孙鸣玉（常德会战后升任第10军参谋长）、师长周庆祥、副师长彭问津。

正要开往后方接受新兵，因战事爆发，军长方先觉便把该师留了下来。在第190师的3个团中，只有第570团是完整的建制团，第568团和第569团都是只有干部而没有兵员。正是考虑到第190师是后调师，所以军委会才临时将新编第19师划归第10军指挥，不过新19师在第10军序列里也只有很短的一段时间，6月13日又被调往全县。作为补偿，军委会又将暂编第54师划归第10军，但是暂54师在衡阳地区只有师部和第1团，另外2个团均不在衡阳，也就根本无法参加衡阳之战。这样第10军的编制名义上是3个师9个团，实际仅7个团，且刚刚经过常德会战而未及补充，加上暂54师的1个团，总共才8个团1.7万人。

而此时第10军内部还有着人事上的麻烦，军长方先觉因在第三次长沙会战和常德会战中的杰出表现而声名大噪，自然有些志得意满起来，甚至连战区司令长官薛岳也渐渐不放在眼里，有些命令执行起来也就阳奉阴违了。特别是在常德会战中，薛岳越级指挥抽调第190师，使第10军侧翼暴露，方先觉因此与之发生争执，更是结下了梁子。于是薛岳开始指派亲信到第10军任职，如先任军参谋长后任第190师师长的容有略。方先觉也不是省油的灯，对薛岳指派的人或借故撤职或寻机法办，这就使两人矛盾激化。最终还是薛岳占了上风，方先觉被免去军长职务，调任军事委员会高级参议，而由陈素农（也有资料称是方日英）继任军长。

就在陈素农赴任途中，日军开始发动长衡会战，兵锋直指衡阳。陈素农见日军势大，不敢赴任，一纸报告呈交军委会称临阵换将于军不利。参谋总长何应钦在报告上批示："赴任未说此时说，分明就是临阵畏怯！"新军长没到任，而战事已迫在眉睫，真要临阵换将，确实于军不利，薛岳只好拉下脸面命令仍在衡山等候办理移交手续的方先觉代理第10军军长，负责指挥衡阳保卫战。方先觉怎么会买这个账，一再推辞。消息传到蒋介石耳里，蒋介石亲自给方先觉打来电话，大骂方先觉昏庸："日军已经逼近衡阳，而你居然还在和战区长官呕气，置民族大义于不顾，成何体统？"老校长的训斥把方先觉骂醒了，当即表示一定积极部署固守衡阳，发扬第10军优良传统，坚决抗击日军来犯。一场人事风波终于在战前得以消弭。

5月29日，蒋介石用长途电话向正在衡山的第10军下达立即开赴衡阳、固守衡阳十天至两周的命令。同时军委会电令第九战区："令第10军（附暂54师主力）固守衡阳，但以一师主力开易俗河，掩护湘潭、衡阳交通线，暂编第2军以主力在渌口、朱亭间，掩护湘江右岸交通，均归薛岳指挥，但无命令，不得参加长沙会战。"

5月30日，方先觉率第3师师长周庆祥亲自侦察衡阳至湘潭间地形，部署第3师选择有利地形对日军实施迟滞作战，以掩护军主力在衡阳展开和组织防御，在必要时再撤回

■衡阳机场是中美空军的重要基地之一，一旦失守就将使空袭日本本土的轰炸机前进机场退至桂林，航线距离将延长2000公里以上。但面对逼近的战火，空军部队也不得不撤离衡阳。图为驻扎在衡阳机场的“飞虎队”飞行员唐纳德·路易斯空军少尉及其P-40N战斗机，摄于1943年12月。

衡阳归建。

5月31日，军委会正式下达第10军（欠第3师）固守衡阳的命令。第3师先行由衡山出动，前往湘潭南面湘江南岸的易俗河镇地区，由第27集团军副总司令欧震指挥。

6月1日，第10军进入衡阳，受到衡阳市民的热烈欢迎。方先觉即率军参谋长孙鸣玉、第190师师长容有略、预10师师长葛先才、新19师师长罗活和军工兵营长陆伯皋对衡阳地形进行全面勘察，确定防御部署（衡阳防区面积仅3.9平方公里，东西宽约1500米，南北长约2600米，其中城墙以内的城区0.8平方公里）：

以第190师位于城东，以1个营配属1个野炮连，进驻衡阳东南方约12公里的泉溪市耒水西岸的曾家码头（旧作新码头，据衡阳市政协文史学习和港澳台侨外事务委员会主任李岳平考证，耒水西岸并无新码头地名，应为曾家码头之误）作为最前哨阵地，以一部于酃湖南岸的铁路线经湖西湾塘至蜈蚣桥一线设立警戒阵地，师主力于五马归槽、橡皮塘、莲花塘一线构筑主阵地。

以预10师位于城西、南，以一部在托里坑、欧家町、黄茶岭一线设立警戒阵地，师主力于汽车西站、虎形巢、张家山、枫树山、五桂岭、江西会馆一线构筑主阵地。

以新编第19师位于城西、北，以一部在高家塘、三里亭、胡坳、马王庙一线设立警戒阵地，师主力于石鼓嘴、草桥、辖神渡至汽车西站一线为主阵地（新19师于6月13

日奉调广西全县，所部防务先由第190师接替，直到6月24日第3师主力第7团和第9团撤回衡阳归建后才由第3师接替）。

暂54师1个团位于城东北，以一部在东家湾、何家山一线设立警戒阵地，主力于冯家冲沿耒水西岸构筑主阵地。

炮兵在雁峰寺、县政府、蒸阳路、吉祥街一带占领阵地——第10军炮兵营战前正在昆明换装新式美制75毫米山炮，听说衡阳战事将起，营长张作祥便率领全营赶回归建，途经桂林时，炮兵第1旅有意截留，通过关系搞得命令，将该炮兵营改编为炮兵第1旅第29团第2营，即日进驻广西全县。营长张作祥无奈之下只得越级直接电告军委会陈情。参谋总长何应钦接到电报，认为一个小小的中校炮兵营长，为了能率部参战居然径直电告最高统帅部，其忠可鉴，其勇可嘉，其义可许，于是亲自下令取消前令，并命桂林方面立即安排车皮运输，不得阻碍。第10军炮兵营这才得以继续上路。6月21日到达金城江，此时长沙失守已三日，前线运输急如星火，他千方百计才搞到只够运送半个营的车皮，只好分为两个梯队，自己率第一梯队先乘车赶回衡阳，副营长杨春柏率剩余半个营就地候车。

24日半个炮营到达距离衡阳30公里的中伙铺，这是离衡阳最近的站点了。正在中伙铺的第27集团军副总司令李玉堂接到报告，作为第10军的老军长，立即召来张作祥，告诉他目前日军已开始向湘江东岸进攻，炮兵向衡阳机动容易被发现，遭受损失，不如暂时留下，随集团军司令部行动，以后再待机归建。但张作祥立即表示自己千方百计赶回来就是想尽早归建参战，绝不能因有危险而半途而废。李玉堂只好派出部队掩护炮营至三塘，再由第10军派出部队接应进入衡阳。

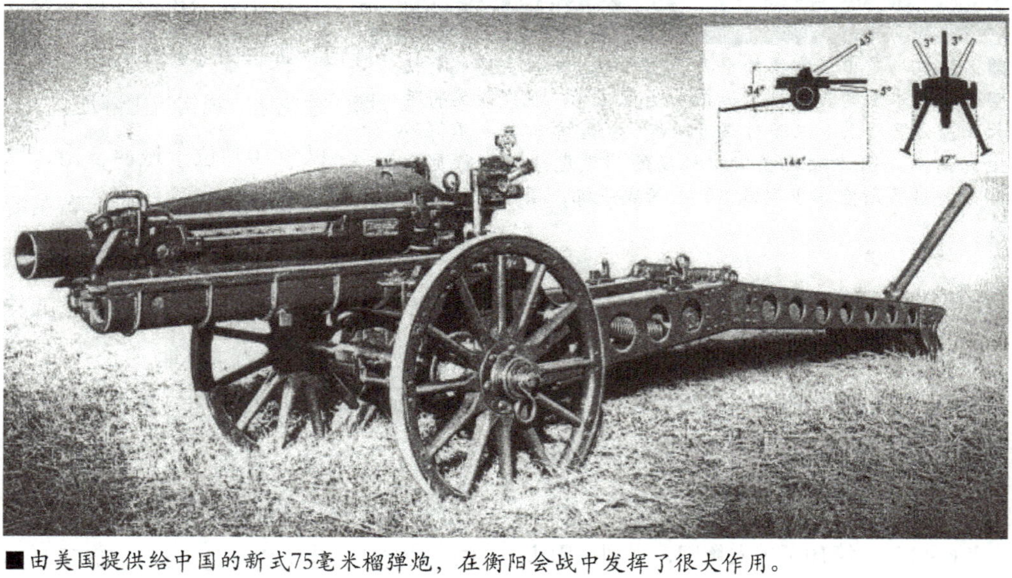

■由美国提供给中国的新式75毫米榴弹炮，在衡阳会战中发挥了很大作用。

张作祥也将半个营分为掩护组和运输组，掩护组负责保护，而运输组专司运炮。途中曾几次遇到小股日军，均被掩护组击退。25日半个炮营、6门山炮、2000发炮弹进入战云密布的衡阳，后来成为衡阳保卫战中第10军一张重要的王牌。这样第10军共有14门火炮、3000发炮弹。要是没有在桂林的那段耽搁，炮兵营完全可以全部进入衡阳，那么不能说改变战局，至少能给日军造成更大的打击。

第10军的军部设在背靠湘江的中央银行大楼内，而为了鼓舞部队士气，另设前进指挥所于较外围的五桂岭，一方面也可以此高地地形，有效监视日军的动向。

部队部署一定，立即开始构筑工事。衡阳原先已经构筑有国防工事，而且全部是钢筋混凝土工事，相当坚固。但第10军久历战阵，尤擅防御，工事修筑极有心得，立即就发现这些工事存在不少问题，首先原来设定防守衡阳需要3个军，因此整个防御工事系统范围比较大，而现在名义上1个军，实际仅2个半师，要分兵守备这些工事根本不敷使用。其次在构筑工事时注重射界，而忽视了工事本身的隐蔽性，这一点在面对火力占优的日军时，无疑将是非常不利的。而且这些工事全部都是独立据点式的，各据点之间距离都很大，难以相互呼应。因此整个防御体系，也就是若干孤立的点，而不是严密的线和面。有鉴于此，第10军对这些预设国防工事进行了精心改进和加强。放弃了若干外围工事，以缩小防御正面，对于放弃的工事一律加以破坏以免为日军所用。

■衡阳守军加紧训练准备会战。

城东、城北依托湘江与蒸水设防，城西北池塘、水田全部放满水，各池塘之间通道均构筑碉堡、地堡。城西南丘陵，构筑成数道防御线，各据点之间均以交通壕相连，丘陵对敌正面，全部削成断崖，在崖顶筑有手榴弹投掷壕。在丘陵之间的凹地，建有外壕，外壕前沿用粗大圆木建两到三层栅栏。断崖与外壕之间布设铁丝网和以10厘米直径以上圆木建成的木栅墙。无法修成断崖的山丘前则挖设壕沟，壕沟一般都有5米深、5米宽，沟底还有地堡，以防日军藏匿。所有阵地之间都有1.5米深的放射状交通壕相互连接，同时根据地形在交通壕前后筑有1.5米深的散兵坑，散兵坑上均有伪装。阵地以外30米修筑暗堡。在城西比较平坦的地区，布有雷区、多层铁丝网、四道战壕。整个衡阳郊外巧妙利用地形，构筑坚固工事，形成完备的坚固防御体系——这些防御体系后来在防御战中发挥巨大作用，日军后来评价道：“尤其是敌人的碉堡位置，颇尽选择之能。其碉堡不独能相互支援，任意发挥侧射、直射火力，且每一碉堡前，均能形成猛烈交叉之火力网。其各丘陵之基部尽已削成断崖，于上端构有手榴弹投掷壕，我军既难以接近，亦无法攀登。此种伟大防御工事，实为战争中所初见，亦堪称中国军队智慧与努力之结晶。”

■衡阳战役前市民自发参与备战工作，图为当地妇女替守军战士们缝补衣服。

为保证在战斗中各部队之间通信联络的畅通，电话线尽量埋设在地下，同时组建电话线抢修队，划分责任区，并组织昼夜线路抢修演习，以熟悉责任区环境便于战时抢修。无线电台布置在坚固建筑物内。对空联络白天使用布板，夜间使用灯光，为此特意准备了百余个饭碗，内置桐油，以布条或棉条为灯芯，一旦夜间需要对空联络，即点燃桐油后摆放成各种通信符号。第10军军部电台使用的是手摇发电机，性能不够稳定，难以直接与重庆的军委会联络。幸亏美军史迪威总部的贺克准将来到衡阳，告知了与芷江中国空军第3路司令部的无线电呼号和波长，可以直接沟通联系。这一点非常重要，不仅可以直接与空军联系，获得空中支援，还可以通过第3路司令部的中继与军委会建立无线电通讯联系。

炮兵部队则对衡阳四周丘陵、山地、村落、路口等目标都标定了射击诸元。在湘江边上准备了石油，可以随时排入江中然后点火为障。在衡阳市区各路口均修筑了工事，将重要物资如弹药、粮食、被服、药品等都分散保存于地下储藏处。衡阳市民自发性组织抗敌后援会，市政府、工会还组织了3000名工人，征用了市区120家木材厂商的木料120余万根，协助第10军修筑工事。

为鼓舞官兵士气，方先觉特意规定了负伤赏金："上校负伤者赏1万元，中少校5000元，尉官4000元，士兵1000元。负伤不退者，特赏；伤愈归队者，晋级。"

■衡阳会战前大批民众乘火车撤往桂林，过程凌乱拥挤，情状异常萧索凄凉，到开战前夕中国军队将铁路全部拆毁。

此外，衡阳人民抗敌后援会还发动民众破坏衡阳的联外道路、桥梁，日军派飞机侦察发现："株洲至衡阳之铁路和宝庆（即邵阳）至衡阳之公路，悉被衡阳居民破坏，运输设备，一无所有。"特别要指出的是，这些破坏工作全都是民众自愿参加，义务完成的，未向国家取一分一厘之报酬。考虑到一旦战事爆发，衡阳必然成为战场，为避免衡阳民众的无谓伤亡，也为了防止汉奸特务混杂民间，第10军于6月18日起劝慰市民全部疏散，实行"衡阳空城"。第10军还特意要求市民疏散离家时一律将门窗钉牢，如房屋被炮弹炸弹炸毁乃无法避免的损失，或房屋被人为破门而入则由第10军负责赔偿。同时与铁路局协商调集火车免费运输，在衡阳东站、西站分别派参谋人员协助办理疏散事宜，另外在每个车站派1个步兵排负责维持秩序，1个辎重连负责协助百姓搬运行李。疏散之时，车站上人山人海，大人喊小孩哭，一有列车到站便蜂拥而上，不但车厢内挤满了人，连车顶上都挤满了人。而挤不上的市民便就地坐在铁轨边，风餐露宿，等待下一班空车。放眼望去，不胜凄惨。

方先觉确实不是等闲之辈，他见衡阳东有湘江，北有蒸水，这两处天然屏障难以逾越，只用少数部队警戒即可。日军来犯的主攻方向要么从西北，要么从西南。西北地形平坦，而西南多山丘地形复杂，常人自然会以西北为主攻方向，但方先觉认为日军主攻方向必定是西南，因为西北地形平坦固然利于机动，但此时中美空军已掌握制空权，陈兵西北，无疑将成为空中打击的活靶子。而且长衡公路（由北面进入衡阳）沿线多为连绵山地，并不利于部队机动，一旦遭到阻击或空袭，难以展开。而如从长沙南下由东面绕至衡阳西南，道路情况就好得多。加之日军历来轻视中国军队，不会以西南山丘为虑。更重要的是，如果从西北主攻，即使攻下衡阳城，也还得再攻西南山地，因为衡阳的公路、铁路都从西南山地经过。而从西南主攻，不仅可以在战斗一开始就切断衡阳与后方的公路、铁路联系，而且只要拿下城区就大功告成，根本不必在意衡阳西北——这一判断相当准确，因此第10军将西南山地作为防御重点而精心营造。

兵力部署上也是非常有远见，第10军所辖3个师中，第190师是后调师，实际仅1个团，战斗力最弱。而第3师是老骨干，战斗力最强。一般人如果认定西南为主攻方向，自然会将第3师布防在这里，但方先觉却是打算将预备第10师放在西南山地，而将第3师放在城西的二线位置，这正显示出方先觉在排兵布阵上的高明，他深知此战绝不会在三五日内结束，所以将预10师放在前，第3师放在二线，有意保存第3师的实力，作长期坚守的打算。正是这一部署使第10军有了后来坚守47天的绵绵后劲。

6月13日，第九战区不但将新19师调往全县，还命令预10师待命进至湘潭，以迟滞日军南下——如此一来，在衡阳的第10军只剩下了后调师第190师！单靠第190师那是根本不可能守住衡阳的，于是方先觉急召远在湘潭的第3师师长周庆祥回衡阳。15日周庆祥赶回衡阳，方先觉用衡阳特产“湖之酒”款待周庆祥，席间方先觉谈及守衡阳以眼前情况来看是置之死地而必死，拜托周庆祥日后不忘旧情为第10军战死袍泽收殓尸骨。周庆祥立即表示第3师一定会返回衡阳归建，同第10军袍泽一起同生共死！有了周庆祥的这番慷慨之诺，方先觉于当晚电告军委会，报告第10军在衡阳的部署情况，表示如“预10师推进湘潭，恐目的未达而前后两误”，请求免调预10师至湘潭，并恳请将第3师调回衡阳，以增强防御力量。军委会同意免调预10师，但依然没有同意第3师归建。直到23日，第九战区才同意第3师返会衡阳归建。

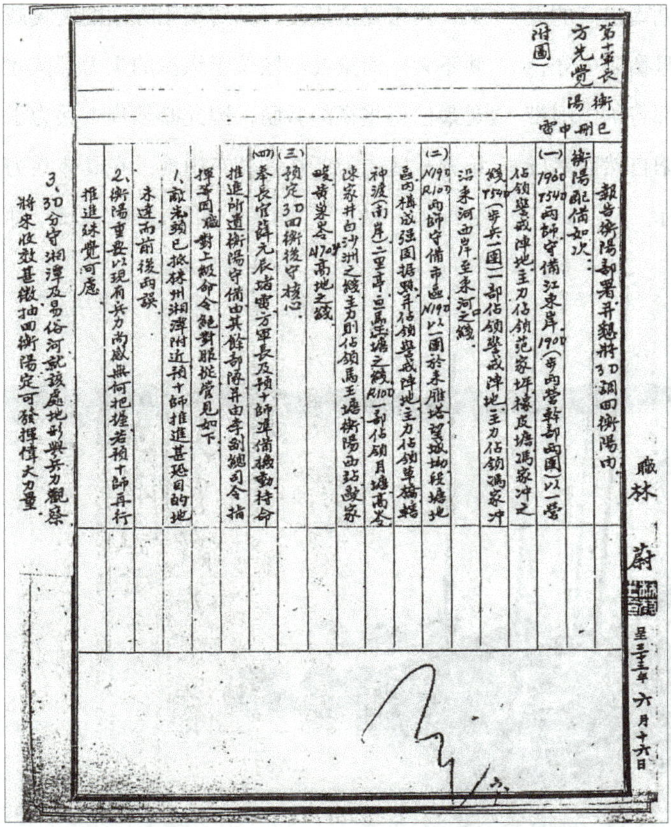
第十軍長方先覺（附圖）
衡陽
已刪中密
報告衡陽部署并懇將3D調回衡陽由
衡陽配備如次：
(一)190D T540兩師守備江東岸，190D(欠兩營轄部兩團)以一營佔領警戒陣地，主力佔領范家坪樟皮塘馮家冲之綫，T540(欠兵一團)一部佔領警戒陣地，主力佔領馮家冲沿耒河西岸至耒河口之綫。
(二)N190 R100兩師守備市區，N190以一團於耒雁塔望城坳殷塘地區內構成强固據點，并佔領警戒陣地，主力佔領草橋鋪神渡(南岸)二里亭黃泥塘之綫，R100一部佔領月塘高岑張家井白沙洲之綫，主力則佔領馬王塘衡陽西站畝家畯黃巢嶺N170高地之綫
(三)預定3D回衡後守核心
(四)奉長官薛元辰電方軍長及預十師準備機動待命推進，所遺衡陽守備由其餘部隊并由李副總司令指揮等因，職對上級命令絕對服從，管見如下：
1、敵先頭已抵株州湘潭附近，預十師推進甚恐目的地未達而前後兩誤
2、衡陽重要，以現有兵力尚感無何把握，若預十師再行推進殊覺可慮
3、3D分守湘潭及易俗河，就該處地形與兵力觀察，將來收效甚微，抽回衡陽定可發揮偉大力量
職 林 蔚
呈 三十三年六月十六日

■1944年6月15日，第10军军长方先觉呈蒋委员长报告衡阳部署并恳请将第3师调回衡阳电文原稿。

衡阳是当时湖南的重镇，所以有好几个军委会后勤部的军需仓库，储存有大量的粮食、弹药等物资。但当第10军拿着第九战区司令长官和第27集团军总司令的手令前去协商调拨时，却被仓库管理人员一口拒绝，他们声称必须按照有关规定，没有后勤部的调拨单，谁的手令都没用。其实那不过是借故刁难，向第10军索贿的伎俩而已。方先觉哪会吃这套，一纸电文直接请示军委会：“职为备战，持薛、李两长官手令，于就近后勤部所属兵站分部之仓廪筹集守坚所需弹药粮秣，仓监谓以非后勤部调单不予补给，匪敌临近，时不我待，三日内如无特别指令，职将便宜行事，谨闻。衡阳职方先觉。”第三天，后勤部长俞鹏飞亲自飞抵衡阳，仓监们哪敢怠慢，立即向第10军调拨足以维持两周的粮食、步机枪子弹530万发、迫击炮弹3200发。曾向第10军公然暗示索贿的仓监生怕第10军告状，

主动向第10军调拨2.8万枚手榴弹——这批手榴弹在后来的保卫战中可是起了大作用！

兵临衡阳

鉴于衡阳是西南交通的枢纽，粤汉线、湘桂线在此连接，从湖南腹地通往西南大后方的多条公路也从这里经过；而且衡阳机场是中美空军的重要基地之一，一旦失守就将使空袭日本本土的轰炸机的前进机场退至桂林，航线距离将延长2000公里以上；此外，衡阳还是湘江、蒸水和耒水的交汇合流之处，依靠这些江河，可以转运湖南出产的大量粮食、矿产等资源。因此一旦衡阳失守，无论在交通、军事还是经济上都将给中国带来巨大的灾难性后果。所以衡阳自然而然成为日军"一号作战"的重要目标。

日军在湖南作战的战略构想中，计划对湘江以西地区取守势，而以主力投入湘江以东，衡阳是作为重要目标必须予以攻占并确保的，并认为作战的关键是与中国军队在长沙、衡阳之间的决战，估计在攻击长沙时还不会马上就出现因中国军队主力两翼夹击而引起的决战，但在进攻衡阳时，必然会出现主力对决，那么就可在进攻衡阳时围歼第九战区主力。因此日军湖南作战的主要意图就是夺取衡阳，并在衡阳周围的主力决战中歼灭第九战区主力。日军还分析道，鉴于第六战区的主力在此前的常德会战中已有较大损失，尚未完全恢复，其对衡阳方面的侧翼威胁不大。而第九战区位于纵深的主力部队才是最值得重视的威胁，因此必须集中兵力于第九战区主力所在的湘东山地。在具体兵力分配上，以1个师团用于湘江以西，以2个师

■衡阳会战前日本人拍摄的衡阳湘江口来雁塔照片。

团进攻衡阳，以3个师团用于湘东山地（后增至4个师团，共计36个步兵大队）——应该说日军对战局的预测还是比较准确的，兵力使用也是轻重得当，在庙算上已经赢得了先机。

根据这一战略构想，日军第11军于6月20日下达攻击作战部署：

一、第11军乘敌战备尚未完成之际，迅速攻克衡阳，同时搜寻前来增援之敌，就地予以围歼。

二、第116师团应以主力向易俗河、白果市、两路口附近，向衡阳西南挺进，占领衡阳；第116师团一部向湘乡推进，肃清当面之敌后，即向白果市前进，与主力会合。特别应以部分兵力沿易俗河、南岳市、九渡铺地区前进，与第68师团相策应，同时派出有力一部向白鹤铺方向前进，阻敌增援，并切断湘桂铁路。

三、第68师团应继续执行此前任务，歼灭当面之敌，迅速占领粤汉铁路及衡阳机场，协同第116师团攻取衡阳。

四、第218联队溯湘江而上，协同第68师团攻占涞水、耒水及衡阳以东铁路桥，并协助第68师团渡湘江。

五、第13师团应继续执行此前任务，以主力围歼萍乡附近之敌，同时以有力部队向攸县推进，师团主力视情况再向攸县跟进。

六、第40师团占领湘乡之后，肃清当面之敌，并做好在邵阳及永丰方向作战的准备，在长白湖以南及朱良桥地区部署兵力，确保湘江运输。

七、第34师团以主力渡过湘江，扫荡湘江以东翎坑－永安－金井－瓮江一线，摧毁达摩山周围敌军据点。

八、第58师团协助空军迅速在长沙、湘潭建立机场，掩护从渌口到湘江下游的水上运输，并确保长沙、岳麓山及湘潭地区。

九、第3师团以主力搜索并围歼萍乡以南地区之敌，随后在萍乡以南集结，以部分兵力留驻浏阳，策应第27师团，围歼浏阳以北地区之敌。

十、第27师团应继续执行此前任务，以第3师团协同，围歼浏阳以北之敌。

中国军队方面对衡阳会战的战略构想还是“天炉战法”的老套路，中间正面堵击，两翼夹击，击退来犯日军。6月20日军委会也向第九战区下达今后作战命令：

一、我军以阻敌深入确保衡阳为目的，于渌口、衡山东西地区持久抵抗，以主力由醴陵、浏阳向西，由宁乡、益阳向东，夹击深入之敌而击破之。

二、王（陵基）副长官（兼第30集团军总司令）指挥第72军、第58军、第26军（该军由第三战区调来），迅速击破醴陵东北地区之敌，反击敌主力之左侧后方。

三、杨（森）副长官（兼第27集团军总司令）指挥第20军、第44军，先击破醴陵以北地区之敌，以后转移于王副长官所部之左翼，向西攻击敌人。

四、欧震副总司令指挥第37军、暂编第

衡阳守军战斗序列

- 第10军 军长 方先觉 副军长 余锦源（未参战） 参谋长 孙鸣玉
  - 军部单位
    - 参谋处 饶亚伯
    - 军务处 熊楚彬
    - 副官处 张广宽
    - 军需处 孙广田
    - 军法处 赵文焕
    - 军医处 董如松
    - 政治部 刘雨民(未参战)
  - 第3师 师长 周庆祥 副师长 彭问津 参谋长 张定国
    - 第7团 团长方人杰(撤职) 鞠震寰(阵亡) 团附王金鼎(调)/侯树德(调)
      - 第1营 许学启(阵亡)/穆鸿才(阵亡)/邹亚东(阵亡)
      - 第2营 谢英(阵亡)/侯树德
      - 第3营 李桂禄(枪决)/王金鼎(阵亡)
    - 第8团 团长张金祥 副团长杨培芝 团附邹亚东(调)
      - 第1营 李恒彰
      - 第2营 苏琢(阵亡)/赵培孚(阵亡)
      - 第3营 蒋国柱(伤)
    - 第9团 团长萧圭田 副团长鞠震寰(调)/周祥符(伤) 团附苏琢(调)/刘浩刚
      - 第1营 王新
      - 第2营 周祥符(调)/熊伯钧
      - 第3营 孙虎斌(阵亡)/赵寿山(伤)
  - 预备第10师 师长葛先才 副师长张越群 参谋长何竹本
    - 第28团 团长曾京(伤) 副团长谭星煌(调) 团附劳耀民(调)/尹东藩
      - 第1营 赵国民(阵亡)
      - 第2营 余龙(阵亡)
      - 第3营 李若栋(伤)/翟玉岗（阵亡）
    - 第29团 团长朱光基 副团长刘正平 团附瞿谋
      - 第1营 周立岳(调)/劳耀民(伤)
      - 第2营 李振武(阵亡)/古今
      - 第3营 严荆山(调)
    - 第30团 团长陈德坒 副团长阮成(伤)/严荆山(伤) 团附甘握(调)/项世英(阵亡)
      - 第1营 萧维(伤)
      - 第2营 徐声先(阵亡)/甘握(伤)
      - 第3营 周国相(阵亡)/蒋鸿熙(伤)
  - 第190师 师长容有略 副师长潘质 参谋长李长佑
    - 第568团 团长俞延龄(伤)/谭星煌 副团长李适(阵亡) 团附禹琪
      - 第1营 杨济和
      - 第2营 张里桂
      - 第3营 刘家成(阵亡)/鹿精忠
    - 第569团 团长梁子超 副团长吴友仁 团附贾宝钧
      - 第1营
      - 第2营
      - 第3营 黄钟
    - 第570团 团长贺光耀(伤) 副团长冯正之(升团长)
      - 第1营
      - 第2营 周建中
      - 第3营 萧尊禄
  - 军直属部队
    - 辎重团 李绶光
      - 第1营 李大中
      - 第2营 陆敬业
      - 第3营 陈清
    - 特务营 曹华亭(伤)
    - 搜索营 何映甫(伤)
    - 山炮营 张作祥
    - 工兵营 陆伯皋
    - 通信营 袁大文
    - 第1野战医院 张介仁
    - 第2野战医院 孙炳彪
    - 第3野战医院 郑焕华
  - 配属部队
    - 暂编第54师 师长饶少伟
      - 第1团 陈朝章
    - 第74军野炮营1个连 炮4门
    - 第46军山炮营1个连 炮4门
    - 第48师战防炮营1个连 炮6门

2军及第3师（属第10军）在渌口、衡山间，作坚强持久抗战，阻敌深入。

五、王总司令耀武指挥第73军、第79军、第99军、第100军及第4军残部，向湘江左岸之敌攻击，但以一部守备湘乡。

六、李副总司令（玉堂）指挥第10军（欠第3师）、暂编第54师固守衡阳。第46军仍归第四战区序列，其新编第19师即开全县（位于广西省东北部）、黄沙河（全县东北之铁路车站）。

七、第62军仍归本会直辖，控制于衡阳西南地区待机。

八、对战场交通之破坏，务依预定计划加强。

军委会的意图很清楚，中路固守衡阳，从醴陵、宁乡两翼夹击。但是日军对这套战法早已有过切身体会，而且通过侦察已经发现了中国军队的部署，因此针锋相对地采取先以两翼顶住，中间再突破的战术。第11军军长横山勇用于中路攻占衡阳的是第68师团和第116师团，这两个师团在长衡战役之前一直是作为二线兵团参战，损失轻微，因此建制完整，实力保存良好，是真正的生力军。

21日晚，蒋介石打来长途电话向方先觉说："你第10军经常德之役，伤亡过半，装备兵员迄未补充，现又赋予衡阳核心守备之重任。此战，关系我抗战大局至巨，盼你第10军全体官兵，在此国难当前，人人发奋自勉，个个肩此重任，不负我对第10军期望之殷。希望第10军能固守衡阳两星期，但守期愈久愈好，尽量消耗敌人。我规定密码二字，若战至力不从心时，将密码二字发出，我令友军48小时内解你衡阳之围，你可有信心？"方先觉当即表示将不惜任何牺牲，战

■衡阳保卫战前的城区鸟瞰图，左侧浅色部分为湘江，可以看出水上交通依然处于极度繁忙的状态。

至竭尽全力死而后已。全军官兵无一有怯敌之色，人人努力构筑工事备战，斗志极为高昂，决心与敌拼死一战！蒋介石听后连说三个很好，并预祝第10军一战成功。而根据第3师第9团副团长周祥符（第3师师长周庆祥胞弟）回忆，后来方先觉曾透露，就在这次电话中蒋介石还口授过一道密令：“第10军若兵员打完了，仅剩下伤兵和文职人员，允许停战。”

早在6月16日，长沙还未攻占时，在第11军司令官横山勇的命令下日军第68师团和第116师团开始渡浏阳河南下，绕过长沙直扑衡阳。19日，第116师团、第68师团第57旅团从株洲渡湘江，分两路从易俗河和沿湘江西岸向衡阳推进；第68师团主力则于石亭渡过渌水，也杀向衡阳。21日，第68师团抵达石湾（位于衡山东北约10公里的湘江东岸），第116师团则于同日抵达白果市。

6月22日，衡阳30万市民差不多都已经疏散完毕，当天日军飞机首次飞临衡阳，对城内进行狂轰滥炸，虽然只是属于乱无章法的恣意投弹行为，没有对军事设施和防御工事造成破坏，但却使得衡阳市区内的房屋坍塌了许多，而且还在湘江两岸引起了熊熊火势。衡阳会战期间，尽管中美空军实力已经大为增强，但日军为会战也调集了相当的航空兵力量，所以中美空军并未能切实掌握制空权，只能说是稍占优势而已，因此日军飞机对衡阳的轰炸也是常事。是日晚20时许，日军已进抵衡阳以东约10公里的泉溪市，第10军最前沿的第190师第568团第1营警戒哨对敌略加抗击便撤回耒水西岸。

6月23日，负责指挥衡阳及湘桂路作战的第27集团军副总司令李玉堂在衡阳西南郊的头塘召集作战会议，出席者有第10军军长方先觉及参谋长孙鸣玉、第62军军长黄涛及参谋长张深、第151师师长林伟俦、第157师师长李宏达等。会议研究了当前战局和兵力部署，决定基本按照原定计划，由第10军守衡阳城，第62军负责外围作战。会议上方先觉主动提出，第62军如果位于头塘、三塘一带，太靠近衡阳城区，有一起被日军合围的危险，因此建议第62军集结于五塘、六塘一带，担负外围策应。这一建议立即被采纳，第62军遂从24日起调整部署，主力集结于六塘谭子山地区。

大战来临之前，衡阳城内除了方先觉与第10军的弟兄之外，还有衡阳市长赵君迈与尚未撤出城外的23000多市民，而他们也已经自动自发地组织起工事抢修队、弹药运输队、担架队、伤病服务队等，决心留下来协助第10军守备，一起抗击日军。

6月23日，在第九战区的准许下，方先觉电令第3师（欠第8团）主力急行军撤回衡阳归建，并于次日傍晚到达后立即接替新编第19师在汽车西站以北至草桥、石鼓嘴一线的防区。23日当天拂晓日军第68师团渡过洣水南进，13时许，从泉溪市强渡耒水，向中国军队第190师第568团第1营据守的曾家码头发起攻击，揭开了悲壮惨烈的衡阳之战的序幕。

第四章 血战衡阳四十七天

第1天——6月23日（农历五月初三）

6月23日，日机数次对衡阳市区及江东岸飞机场进行轰炸，市区又起大火。暂时控制为第10军预备队之预备第10师第28团及军直属部队，只得整日忙于消防灭火工作。

日军第68师团一部分已进抵泉溪市。泉溪市，现名泉溪镇，属衡南县，位于衡阳市区东14公里（旧说30里，今公路取直道，仅28里，即14公里）的耒水东岸。宋《元丰九域志》已录镇名。清置清泉县，就因为镇东南有名胜清泉山之故。清泉山北麓有泉溪，镇因其得名。民国在此置泉溪市，中华人民共和国成立后于1953年置镇，1956年撤销，1981年5月复置。泉溪镇街区略呈矩形，面积约1平方公里。旧有渡口，西岸名曾家码头，1990年7月建成泉溪大桥。泉溪是一个比较繁华的集镇，也是衡阳城东耒水上一个较大的码头和渡口。抗战期间，泉溪市一条街被日机轰炸几乎全部烧毁。日军遂与我暂编第54师前沿部队接触，战斗甚烈，衡阳保卫战序幕由此而展开。

回雁峰上第74军炮兵团野炮兵营第6连连长冯宗恺接到步兵的报告：“日军山炮四门，在城北望城坳以东高地，伪装隐蔽，正准备向我军射击。”冯宗恺立即用望远镜进行搜查，终于发现了巧妙伪装的敌炮兵阵地。“直接瞄准射击，以迅速强大的火力将敌炮摧毁。”冯宗恺一声令下，炮弹如雨点般落到敌人炮兵阵地上。那四门还未来得及射击的山炮，顿时变成了一堆废铁。

方先觉偕孙鸣玉至衡阳西南方30里三塘

■从耒水西岸远眺今日的泉溪镇。

■雁峰山顶，衡阳会战时第74军野炮兵营的炮兵阵地。雁峰又名回雁峰，在今雁峰区中山南路南端，海拔95.4米。

参加李玉堂召开的第10军、第62军联席会议。会议研究了敌情的兵力部署，决定依原计划第10军守衡阳，第62军担任外围作战。方先觉在会上提出建议，第62军集结在五塘、六塘一带，不会陷于包围圈内，又可在外围打击敌人。得到会议的采纳，谁知事后第62军一直游动于三塘至六塘之间，毫无进城援助之意，坚持担任外围作战。

■第74军野炮兵营所使用的法式75毫米野炮，是第一次世界大战后苏联转赠中国的，已经淘汰，但在衡阳保卫战中发挥了无比的威力。炮身长两米多，炮重两吨余，要6匹马才能拉得动。

方先觉会后赶回衡阳，发现日军主力迫近耒水东岸，并有由赤水塘至东阳渡越湘江而

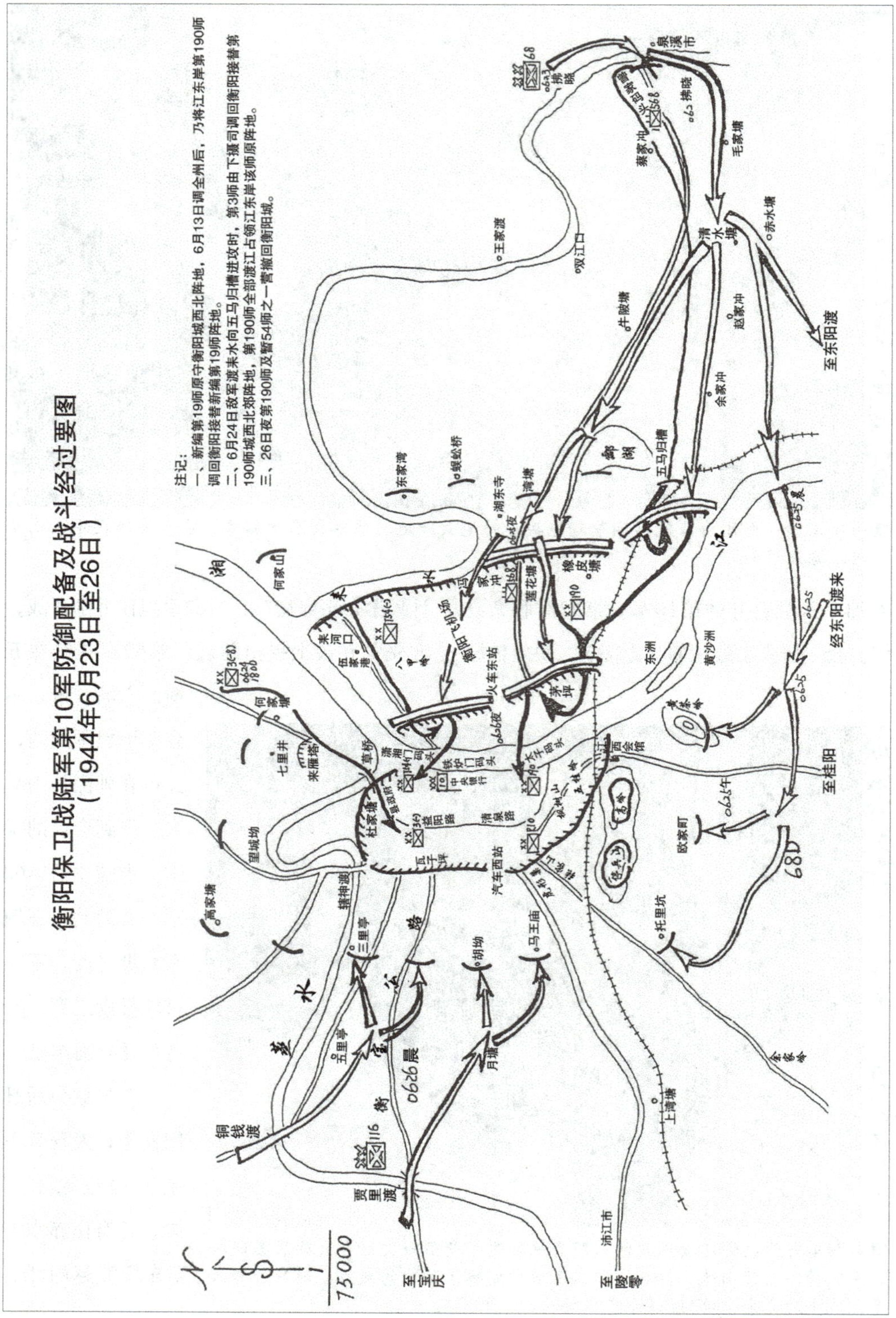
衡阳保卫战陆军第10军防御配备及战斗经过要图
（1944年6月23日至26日）
注记：
一、新编第19师原守衡阳城西北阵地，6月13日调全州后，乃将江东岸第190师调回衡阳接替新编第19师阵地。
二、6月24日敌军渡耒水向五马归槽进攻时，第3师由下摄司调回衡阳接替第190师城西北郊阵地，第190师全部渡江占领江东岸该师原阵地。
三、26日夜第190师及暂54师之一营撤回衡阳城。
泉溪市
毛家塘
清水塘
赤水塘
赵家冲
至东阳渡
双江口
王家渡
五马归槽
湘江
耒河口
衡阳飞机场
火车东站
汽车西站
蒸水
三里亭
五里亭
胡坳
马王庙
月塘
贾里渡
铜钱渡
高家塘
草桥
来雁塔
七里井
何家山
东家湾
螺蛳桥
东洲
黄沙洲
至桂阳
欧家町
托里坑
经东阳渡来
上湾塘
洪江市
至宝庆
至陵零
1/5000

向衡阳南部地区进犯之势。于是令守备衡阳主阵地之第190师及预备第10师进入阵地。第190师及预备第10师两个团于第一线，分别往城郊西北与西南阵地。城东之江防暂由第10军搜索营负责。同时电令正在衡山以北地区日军前沿的第3师连夜赶来衡阳城。第3师主力立即急行军向衡阳转移。

在这以前的6月14日便已接受攻占衡阳机场任务的日军第68师团步兵第57旅团独立步兵第64大队大队长松山圭助大佐编成一个支队，昼夜兼程追赶第68师团主力，至6月23日晚已抵达泉溪市附近耒水河畔，与主力会合。并计划于第二天与主力一起渡河。

是日傍晚，日方广播即称“已杀到衡阳郊外”，并说“衡阳之陷落仅属时间问题”。而在重庆高层同样十分关注衡阳战况，军委会各部院举行汇报，军令部报告衡阳战况时说：“衡阳已在日军严重威逼之下，第10军力量低劣（因去年冬常德会战惨重损失后战力尚未恢复，实力比长沙守军第4军差得多），日军一旦进攻，必与长沙结果一样，只能守三天。”

第2天——6月24日（农历五月初四）

6月24日拂晓，日军第68师团独立步兵第64大队下编一个支队继续强掳民船，并动用大队火炮和重机枪参加战斗，掩护渡河。守军顽强抵抗，美机前来助战。然而日军竟不顾国际公约，使用催泪性毒气和糜烂性毒气，强行渡河。守军见寡不敌众，于是全部撤至五马归槽阵地。

五马归槽位于今衡阳市珠晖区东阳乡人民村、红星村交界处，北有169医院，南临

■今日的五马归槽。

■东阳渡口旧址，无桥梁只靠船只通渡。

半边街，海拔99米。中间有一山坳如槽，四周五座山为上观音打座、下观音打座、桐子岭、牛嘴岭、杉木峰的小山嘴伸入坳中，犹如五匹骏马同槽，故名。山凹自南而北，五马东下，遇团鱼山西转入江。团鱼山与湘江之间旧有石板官马大道。山下曾出土一些日军的遗物。

渡过耒水的日军第68师团先遣支队向五马归槽进犯。守军暂编第54师力量较弱，方先觉军长于是命第190师第570团予以支援，增强五马归槽阵地，日军三次进攻都被击退，双方伤亡均大。

日军第68师团大队人马由泉溪市继续渡过耒水，一部分由五马归槽南侧经毛家塘、赤水塘从东阳渡偷渡湘江，向衡阳城南郊预10师警戒阵地黄茶岭、欧家町、托里坑等地秘密接近。

东阳渡，现为东阳渡镇，属珠晖区，在市区东南12公里湘江东岸。1757年清泉、耒阳两县在此设义渡，因临近东阳铺，故名东阳渡，民国初年在此建枪炮局。1936年粤汉铁路建成，在此设东阳渡站，称新东阳渡。现在新东阳渡湘江上游有高速公路桥，下游有市外环线公路桥。京广铁路、衡珠公路穿街而过，市内有7路公共汽车往返，水上交通亦极便利。

黄茶岭又名黄巢岭，在雁峰区，东滨湘江，海拔114米。传说唐末农民起义军领袖黄巢曾在此驻军，故名黄巢岭。后因统治者忌讳，改为黄茶岭。旧有华光寺等古迹，今仅存寺前二株千年古樟。

欧家町（原属郊区，町，衡阳方言音dian平声）现在雁峰区隆桥村，为典型丘陵地带，北有衡阳市氮肥厂。

托里坑，又称大里坑、托栗坑，日军文献称托樫坑（托里坑的托，衡阳方言音“惰”），在蒸湘区北塘村，位于衡阳钢管厂南端。现钢管厂已于此平土建车间，正北

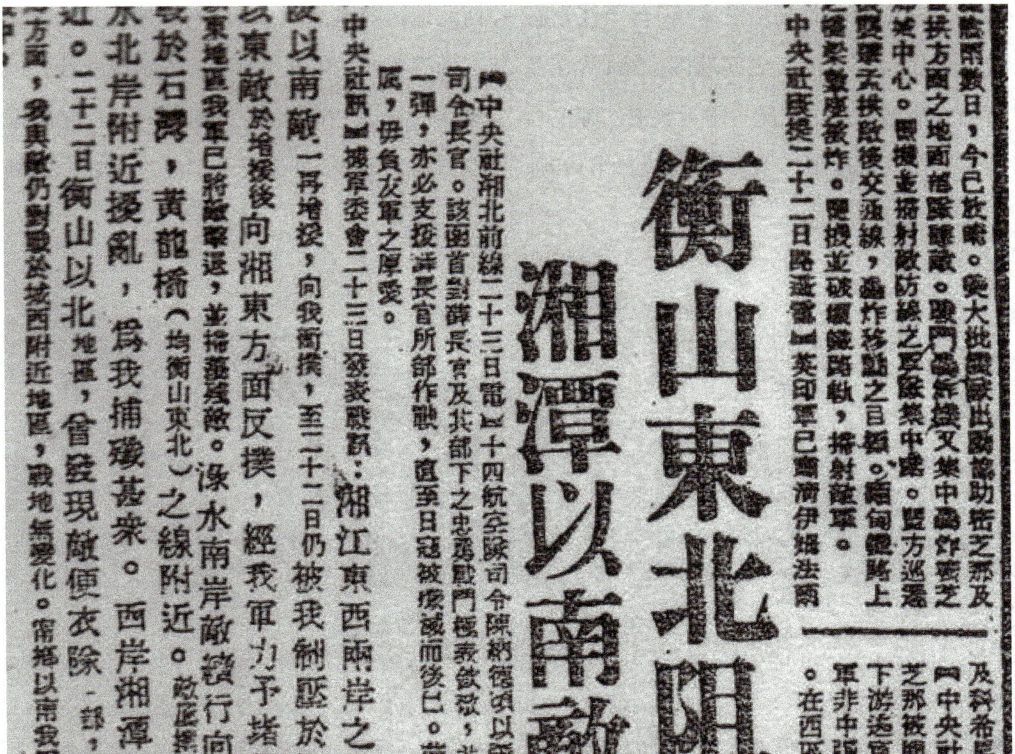

[illegible]陰雨數日，今已放晴。美大批[illegible]助密芝那及[illegible]方面之地面部隊攻敵。[illegible]又集中轟炸密芝那[illegible]中心。[illegible]掃射敵防線之[illegible]集中處。[illegible]方巡邏[illegible]交通線，轟炸移動之目標。[illegible]鐵路上[illegible]炸。[illegible]並破壞[illegible]，掃射敵軍。

【中央社康提二十二日路透電】美印軍已[illegible]伊洛瓦底江[illegible]及科希馬公路上[illegible]日軍。

【中央社[illegible]北史迪威總部中央社特派員二十二日電】密芝那被圍之日方守軍，又圖乘夜以小艇沿伊洛瓦底江向下游逃竄，我軍以機關槍掃射，[illegible]在中游沉沒，日軍非中彈斃命，即遭沒頂。密城中美軍仍自各方面[illegible]。在西區南區均獲局部進展。

衡山東北阻敵南犯

湘潭以南敵無進展

【中央社湘北前線二十三日電】十四航空隊司令陳納德頃以[illegible]至湘北前線，[illegible]薛司令長官。該函首對薛長官及其部下之忠勇戰鬥極表欽敬，並預祝成功，末謂：十四航空隊[illegible]一機一彈，亦必支援薛長官所部作戰，直至日寇被擊滅而後已。薛長官當將陳氏函轉第三軍，勉以毋負友軍之厚愛。

【中央社訊】據軍委會二十三日發表戰訊：湘江東西兩岸之激烈戰鬥迄仍有加無已。東岸醴陵以南敵一再增援，向我衝撲，至二十二日仍被我制壓於泗汾鋪一帶附近，未能獲得進展。醴陵以東敵於增援後向湘東方面反撲，經我軍力予堵擊，戰鬥正激烈進行。瀏陽方面，城東地區我軍已將敵擊退，並掃蕩殘敵。淥水南岸敵繼行向南進撲，我軍奮力阻擊，現仍激戰於石灣，黃龍橋（均衡山東北）之線附近。敵[illegible]均未獲逞，乃以一部便衣隊繼續突至洣水北岸附近擾亂，爲我捕殲甚衆。西岸湘潭以南敵迄仍爲我阻止於中路鋪附近。二十二日衡山以北地區，曾發現敵便衣隊一部，當經我圍剿，將其悉予殲滅。湘[illegible]方面，我與敵仍對戰於城西附近地區，戰地無變化。衡陽以南我軍於擊退[illegible]之敵後，繼續攻擊前進，[illegible]

1944.6.24

■1944年6月24日重庆《大公报》刊载的衡阳前线战报。

有二炼钢车间，原为衡钢子弟学校所在地。

第3师因昨日接到撤回衡阳电令，将第8团（附无线电台）留守衡山、南岳市一带搜索敌情与继续阻击敌军前进，掩护主力转移。并由副团长杨培芝率第3营至江东石湾、大堡（今大浦）之间地区。第1营在白石铺（湘潭笔架山北麓）附近警戒，师主力则急行军返抵衡阳，于下午6时接替第190师西北地区阵地。以第7团、第9团为第一线，占领汽车西站以北至草桥、石鼓嘴一线，以步兵一个营占领蒸水（俗称草河）北岸据点。第190师于是连夜全部渡过湘江，占领

■为防止日军进犯衡阳城，1944年6月24日午夜，中国守军第10军忍痛炸毁衡阳湘江公路铁路大桥两岸桥台及3—6号桥墩之间的三节桥梁。图为炸毁前的湘江大桥。

■湘江大桥被炸毁的是桥面，桥墩尚且保存。

该师江东岸原阵地，并协同暂编第54师一个团共同作战。

本日，日机又数次袭击衡阳市区，并且投下大量燃烧弹，市内引起竟日大火。日军21日由易俗河南下之第116师团也于今日进抵白果。

入夜，“驻江东暂编第54师第1团团长陈朝章率两营瞒着方先觉军长秘密撤往投奔薛总部（这是薛岳与方先觉争夺部队的表现）”。①

午夜，第10军工兵营将湘江大桥炸毁。依照预定计划，既要阻止日军交通，又要利于日后恢复。所以实行有限度爆破，仅炸毁中间三节桥梁，而保留桥墩。同时湘江西岸以火力进行封锁，致使日军暂时无法修复利用。

第3天——6月25日（农历五月初五）

凌晨，第10军炮兵营长张作祥携6门全新美式75毫米山炮及部分附件和炮弹抵达衡阳城，是守军在衡阳保卫战中的炮兵主力。本年3月底，张作祥奉命率全营官兵至昆明接受美械装备，领到12门全新美式山炮，并接受短期培训。6月21日返抵金城江，因火车车厢不足，只得携半数山炮先行，另半数火炮由副营长在后押运，但未及进城。6

■今莲花塘，位于苗圃集贸市场、探矿场东。

①《湖南抗日战争日志》第238页。

月24日至衡阳西南60里中伙铺时，衡阳战事已开始，火车不能再前行，张营长率全营官兵昼夜兼程，由城内派兵接应冲入衡阳城。由此可见第10军官兵誓死守城的决心与向心力。

拂晓，日军第68师团第64大队继续进攻五马归槽至湾塘一线。五马归槽方面，战斗尤为激烈，由于守军占据山头英勇奋战，日军攻势不能得逞。城区回雁峰上冯宗恺指挥炮兵连向五马归槽的敌人以6000米的距离开炮射击，用火力支援，炮弹呼啸飞行过江，响声达数十里以外，准确地落在敌阵上。双方空军也先后参战，一时战斗进入高潮，双方反复冲杀，伤亡较大。日军派第68师团第58旅团独立步兵第116大队增援。同时用平射炮将五马归槽守军几个土木作业的堡垒全部打坏。守军也派第190师师长容有略率领一部分队伍由市区东渡，协同暂54师仅剩的一个营阻击向五马归槽增援的日军，又经过3个多小时激战，第570团团长贺光耀负了重伤，副团长冯正之继续指挥鏖战至午后。部队被迫后撤，转移至范家坪、橡皮塘、莲花塘、冯家冲一线。日军则以一部分向西、向北攻击，于26日拂晓抵达飞机场南端。

松山支队（第64大队）进攻衡阳机场状况要图

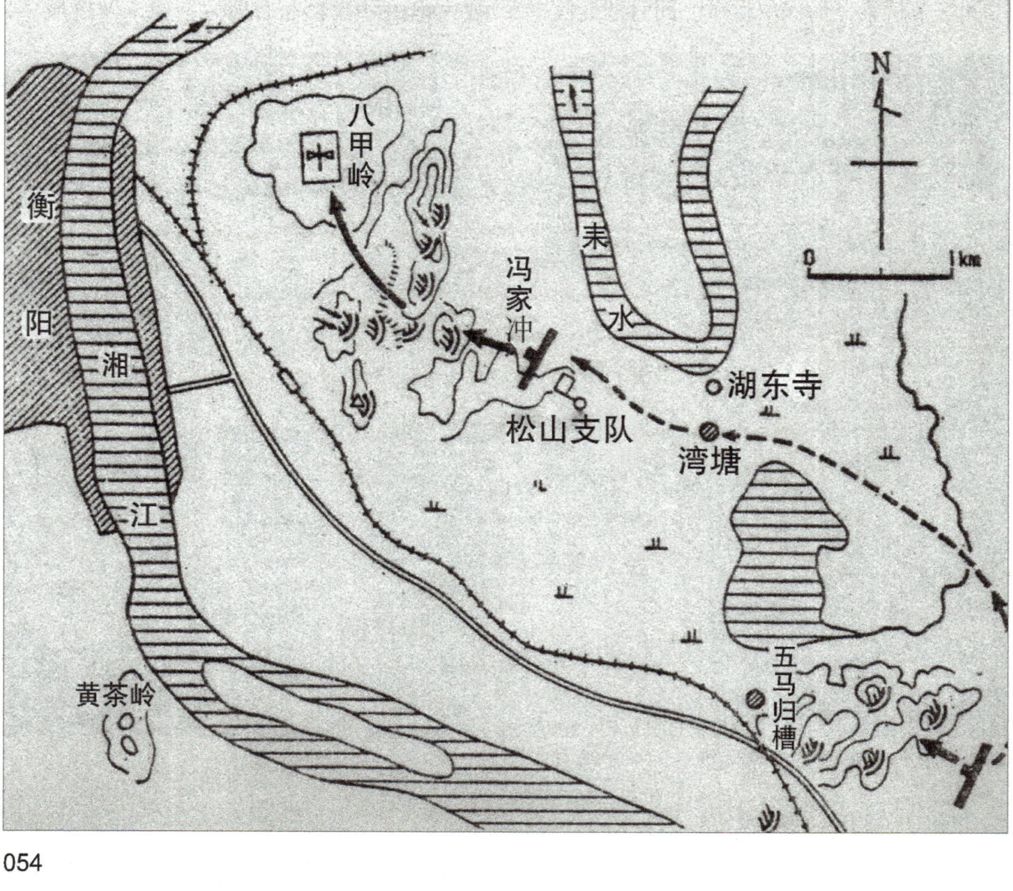

向西、向北攻击的日军第68师团部分兵力在黄昏时分由湾塘方向发起猛攻，突破第568团冯家冲阵地，将暂编第54师与第190师隔开。得到间谍的情报，日军第68师团独立步兵第64大队改变主意，从守军左翼水田地带进入湾塘偷袭飞机场。守军第190师第568团第3营第8连奋起抵抗，经过白刃战，第8连两个排60余人全部殉国，连长赵士富身负重伤。战斗至天明，湾塘失守，第8连只剩1个排长带领幸存的17人回来。第3营营长刘家成没有想到这正是23日自己的疏忽，使军部参谋在自己的第3营没有查出间谍所造成的结果。在布防时，虽然认识到八甲岭地形重要，但只派了3名士兵驻守岭上，且嘱咐他们如敌来攻，战斗不利时可退守岭下。这时却忘记了交待他们同时应向耒水方向警戒。而潜伏在第9连的间谍却将第8连布防情况和未向耒水警戒的情报告诉了日军，日军袭击了八甲岭上3名守兵，才能大胆轻易从耒水边和水田地带偷袭第8连，致使第8连损失惨重。

日军第11军第116师团经英陂、新桥、四塘向衡阳西郊急进。

日军第68师团独立步兵第61大队先遣中队渡过湘江，于中午到达黄茶岭附近。下午2时，200余人沿江西岸进行搜索，被五桂岭守军发现，用迫击炮猛烈射击，顿时伤亡50多人。进攻受挫，不敢越过铁路线往北，首次尝到守军迫击炮准确、猛烈之威力。

是日，日军机群整日空袭，投下大量燃烧弹，市内全天大火不熄，至夜晚也未能全部扑灭。中美空军也先后飞临衡阳城郊，对

■6月25日军第68师团司令部移至黄茶岭。图为黄茶岭今貌。

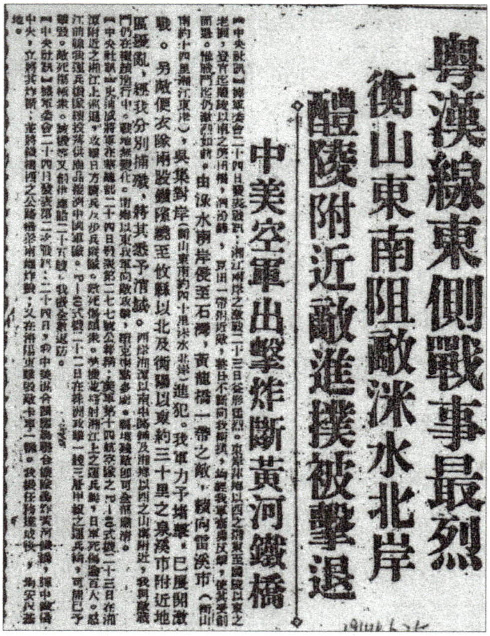

粵漢綫東側戰事最烈

衡山東南阻敵涞水北岸

醴陵附近敵進撲被擊退

中美空軍出擊炸斷黃河鐵橋

■1944年6月25日重庆《大公报》刊载的衡阳前线战报。

日军驻地轰炸扫射。

深夜，日军第68师团步兵第58旅团长太田贞昌少将指挥旅团主力独立步兵第65、115、117大队及配属其指挥的独立山炮兵第5联队渡过湘江，进入衡阳南部，攻占黄茶岭。师团长佐久间为人中将命令将战斗司令部移至黄茶岭高地，亲自部署第一线部队。

经过一日一夜日军主力分别由五马归槽以南与东渡过湘江，进入城南及西南方向，形成对衡阳的包围。今日，日军一部分进入南岳市。

第4天——6月26日（农历五月初六）

6月26日拂晓，日军开始从市西面及南面进攻，先是炮兵向守军阵地正面射击，并以火力掩护进行攻击，从欧家町、托里坑、马王庙、胡坳、三里亭等外围警戒线全面展开。守军警戒部队略加抵抗后全部撤回主阵地。

马王庙即蚂蝗庙，原有蚂蝗塘，故建有蚂蝗庙，在今冶金汽修厂西北、解放西路桥东北约200米处。蚂蝗庙旧址在今南华大学（原核六所）卧虎山水塔处。冶金汽修厂西八角塘有两米深的炸弹坑，2004年推土时尚可见。

胡坳又名胡家坳，位于马王庙北、月塘以东，在南华大学南校区内。西为弘辰学生公寓。

10时左右，日本飞机10余架轮番轰炸，并以50余门大炮猛烈射击作掩护，日军开始对西南阵地作全面进攻，连续冲锋，凶猛突进。预10师所据守之江西会馆、五桂岭、虎形巢阵地前战斗尤为激烈。日军数次攻入阵地前障碍物附近，都为守军步、炮火力击退，留下大量尸体。

江西会馆在今湘江大桥南，湘江南路31号，黄白路与黄茶路分叉口上。原为衡阳市朝阳织布厂厂址，2004年已改为衡阳织布厂，现为新天色织布厂及远达贸易有限发展公司驻地。

五桂岭在雁峰区，北邻回雁峰，南临大庆路，海拔79.8米。因其形状似乌龟，原名乌龟岭，后因其名不雅，谐音易名为五桂岭。“文化大革命”时改为翻身岭，1981年

■马王庙即蚂蝗庙，原有蚂蝗塘，旧址在南华大学（原核六所）卧虎山水塔处。

■胡坳位在今南华大学南校区内，西为弘辰学生公寓。

第30团的精锐部队，连长张德山高大魁梧，豪气干云，且勇武善战。中尉排长李建初率一个排守高岭。李建初身经百战，孔武有力，二人皆言："誓与据点共存亡。"

高岭据点圆形坑道小而坚，四周环绕外壕、铁丝网、木栅及地雷，据点内屯积大量手榴弹。由于高岭、停兵山上守军强烈的反击，日军受阻于铁路堤以南，无法接近军前进指挥所五桂岭、枫树山、湘桂铁路修机厂（距铁道200米）及张家山（距铁道400米）。日军也太小看了这两处孤立的小山，认

地名普查时复名五桂岭。岭上有衡阳铁路工程学校，现改名湖南高速铁路职业技术学院。其上旧有中正堂。

虎形巢在张家山西北300米，东北有范家庄。西为水塘和水田，两侧山势前后延伸，易守难攻。

预10师第30团防守高岭与停兵山两据点。陈德坒团长派第7连守停兵山。该连是

为咄嗟可下，于是放胆进攻，连冲几次，都被守军阵地前的地雷爆炸及主阵地迫击炮火击灭。后来日军更加集中炮火轰击，并有日机前来助战。守方炮兵亦进行反击，枪炮声一阵阵如骤雨，两个据点全部笼罩在硝烟弥漫之中。日军数次冲锋，都为守军轻重火力及手榴弹所制服。直至黄昏，两据点仍屹立不动，但众多障碍物被毁，碉堡亦被毁达五

■图为台湾第10军历史研究专家、前第10军辎重团第2营营长陆敬业之子陆启东（左）及方先觉七子方庆中访问衡阳城，在高岭据点遗址留影。

■衡阳枫树山炮兵阵地遗址。

分之三，官兵伤亡在半数以上。日军留下的尸体就更多了，高岭方面有200具以上，停兵山方面在400具以上。

停兵山在雁峰区，现名北塘村（与托里坑之北塘村同名，此是地名，不属乡管辖），东为高岭，北为火车西站，上有二轻北塘仓库、湖南工业科技职工大学及衡阳锅炉厂。据说锅炉厂（原二机械厂）在建厂时曾发现一些日本炸弹、头盔及墓碑等。

枫树山在雁峰区，东接五桂岭141高地，南临湘桂铁路，北连接龙山及打线坪。1970年以后在此兴建雁南村。

湘桂铁路修机厂在雁南村西端，现已兴建雁峰变电站工程。2004年6月推土时发现日军留下的炸弹。

昨日黄昏日军第68师团独立步兵第64大队突入机场后，方先觉认为机场未予破坏，命第190师逆袭攻入机场，实施破坏后撤退。

拂晓时分，第190师容有略师长指挥第569团向突入飞机场之敌逆袭，双方鏖战5小时，歼灭敌人400余人，我军亦伤亡200余人。嗣后日军大举增援，守军破坏飞机场后，被迫退守江东岸核心阵地。日军支队立即着手修复机场，利用铁桶填塞弹坑，并于28日使飞行第44战队飞机着陆。

临江东西两岸主阵地均被日军围攻，方先觉认为分兵两岸，不如集中兵力于一方更有战斗力，决定将湘江东岸部队撤回衡阳城。因为第190师仅2000余人，加上暂54师一个营（该师原有兵力一个团配属第10军守城，但日军攻击五马归槽时，团长率两个营退守耒阳，后归长官部指挥），兵力远不及日军。固守江东岸核心阵地，与江西岸成犄角之势尚可支持若干日，但与主力隔江难以相互声援，易为敌人各个击破。衡阳城主力亦仅5个团，兵力与日军相比仍较弱，更不便分散，必须根据战斗进展，作有弹性之调整，方能给敌人有力打击。黄昏以后，第190师及暂54师之一营，利用事先准备的两艘大渡轮，往返于江东岸与铁炉门码头之间，运输西撤，于午夜时完毕。第190师入城以后，除以第570团接替搜索营江防外，其余均集结于环城南路附近作为军之预备队。

入暮，日军对守军南面及西南面的攻击仍然没有停止，炮声、枪声、手榴弹爆炸声响彻全城。在高处看去，南面、西南面像无数火龙环绕。战斗一直至午夜，江西会馆及五桂岭的日军冲击次数最多，伤亡在两个中队以上。高岭、停兵山守军损失最为惨重。西面瓦子坪、易赖庙、虎形巢也受到日军不断攻击。

铁炉门码头，今解放路码头。铁炉门旧名阅江门，在今解放路河边，因打铁、小五金作坊多聚集于附近一带，故名。现路口北为南方大厦，南为中国工商银行。路口南侧的这片地域右半边是小马场，左半边为中央银行旧址，即当时第10军指挥

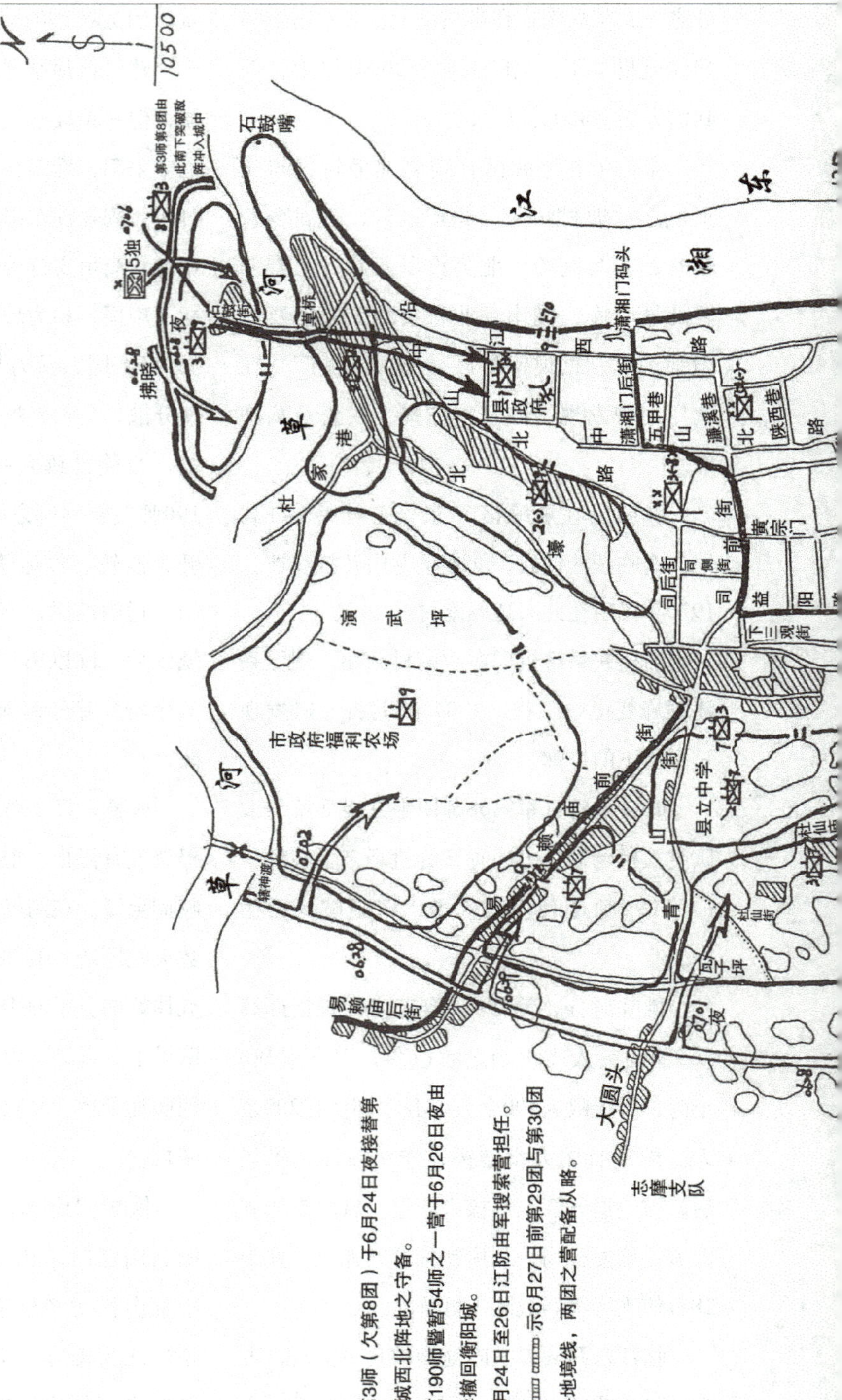

衡阳保卫战陆军第10军防御配备及战斗经过要图
（1944年6月24日至7月6日）

注记：
一、第3师（欠第8团）于6月24日夜接替第190师城西北阵地之守备。
二、第190师暂附54师之一营于6月26日夜由江东岸撤回衡阳城。
三、6月24日至26日江防由军搜索营担任。
四、▭▭▭示6月27日前第29团与第30团之战斗地境线，两团之营配备从略。

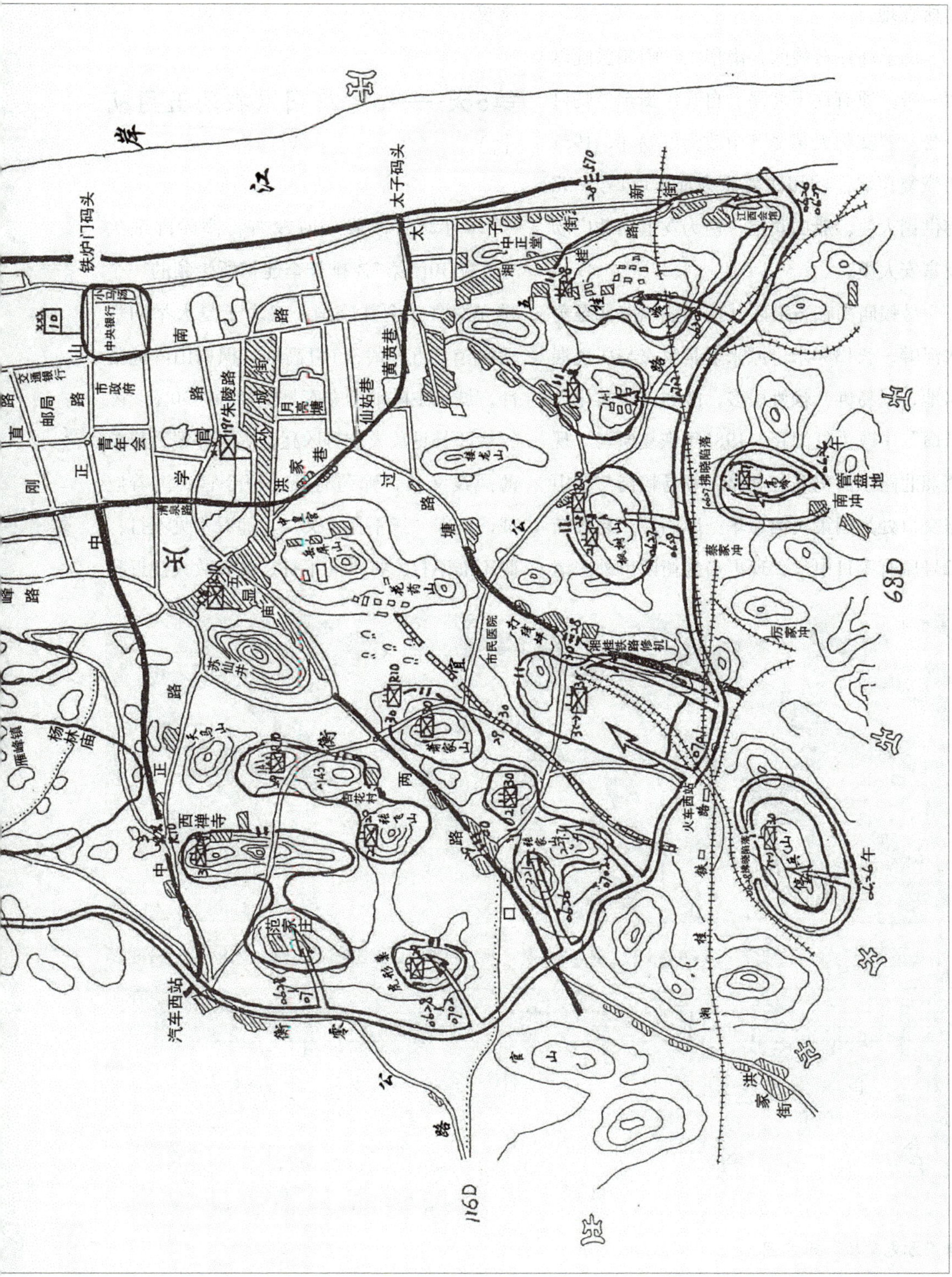
铁炉门码头
太子码头
中央银行
交通银行
邮局
市政府
青年会
汽车西站
火车西站
市民医院
湘桂铁路修机厂
江西会馆
68D
116D

部所在地。

瓦子坪在石鼓区，南华大学附属医院以西一带。原有瓦子坪路，自青山街至学院村一带。“文化大革命”中改为红湖坪，1981年恢复原名。附属医院原为瓦子坪1号，北有供销大厦、船山宾馆，西为友谊晶珠广场及富安大厦。

易赖庙街在石鼓区，南起船山路北至蒸水河畔，长1380米。原来多是菜农与居民混居地，以易姓、赖姓居多，故名。“文化大革命”中改为红湖路，1981年恢复原名。现蒸湘北路以西仍名红湖路。今易赖街与船山路交口处为国策宾馆与华圣印刷厂。易赖街72号原有第11中学，现更名为衡阳市外国语学校。

第5天——6月27日（农历五月初七）

6月27日凌晨一时左右，高岭阵地失守，第30团第7连排长李建初所带领的一个排守军官兵全部殉国。日军于是大举向江西会馆、五桂岭及141高地、枫树山阵地猛冲。城南主阵地的守军是预10师第30团。陈德坒团长见敌人攻势凶猛，鉴于守军力量单薄战线又长，弹药有限，严令官兵沉着应战，坚守“三不打主义”，即看不见不打、瞄不准不打、打不准不打。就算敌人接近我

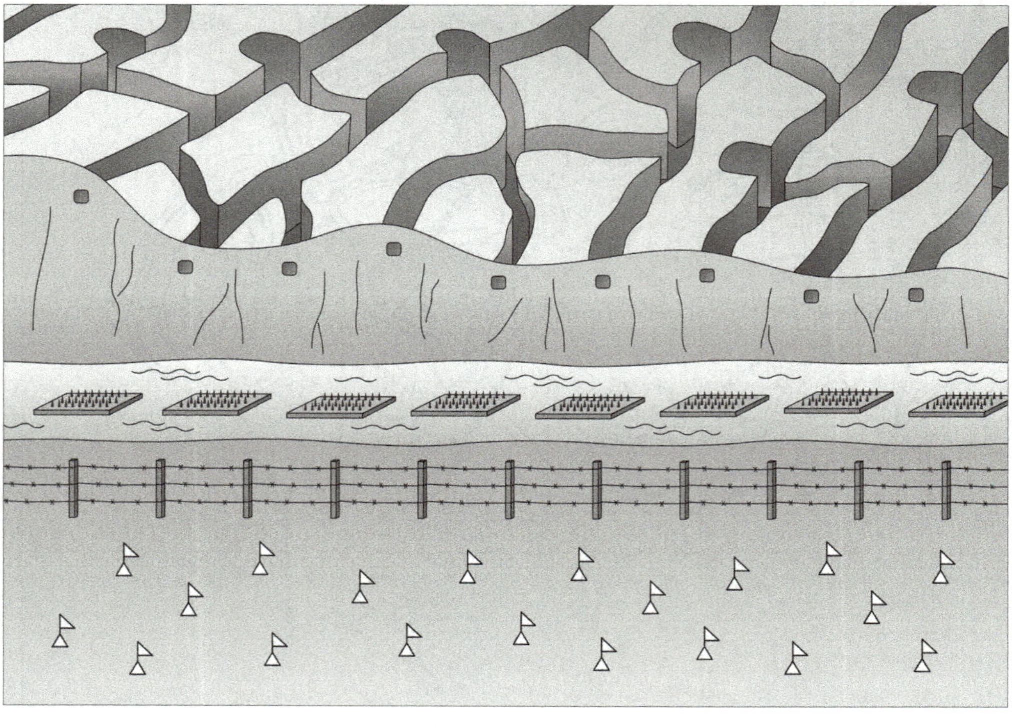

■“方先觉壕”示意图。

障碍物施行破坏时，也不轻易射击。一定要等待敌人部分通过障碍物破坏口进入外壕时，再以隐蔽的火器侧射、斜射将其歼灭。等到敌人潜至阵地前悬崖下作攀登时，再用手榴弹将其击毙。这样就不怕敌人来破坏我军障碍物，只怕敌人不来。陈德坒团长又派副团长阮成、团附项世英巡视第一线阵地，勉励官兵保持实力，作持久战，大战还刚开始，一定不要虚耗弹药。项世英即到第1营指挥所，与第1营营长萧维一同视察枫树山战况。这一天已是阴历五月初七，天空虽然有云，在朦胧的夜色中，发现日军一股一股地通过障碍物向我守军阵地前线攀登，每一股约30余人。这时守军官兵居高临下投出手榴弹将其击灭。随着天明，日军攻势逐渐停止，各阵地前的尸体大约在1000具以上。日军战后都不解第10军的工事为何如此难攻，他们将这种夺去他们数以千计将士生命的战壕称之为“方先觉壕”。

清晨，日军第68师团第57旅团志摩支队独立步兵第61大队、第62大队、第63大队在旅团长志摩源吉少将的指挥下从衡山地区南

衡阳之战中的中美空军

衡阳之战时，中美空军的实力已大为增强，虽然日军也尽其所有投入了航空力量，但逐渐失去了制空权，一度只能在黎明前和黄昏后的短暂时间里活动。

1944年5月27日长衡会战开始后，中美空军的重点还在滇西怒江方面作战及保卫成都的B-29基地，在湖南地区仅有150架飞机，加之湖南地区天气也很不理想，但中美空军仍频繁出击，最多时达每日50架次。

7月初，中美空军在湖南方向的力量开始急剧增加，加之天气好转，出动架次显著增加，给日军后勤供应造成极大的困难，这也是日军在衡阳初期补给困难的主要原因。但好景不长，很快燃料供应出现短缺，不少飞机被迫返回昆明，最严重时，在整个中国战场上就只有驻浙江的第5战斗机大队还能出动，这样就使中美空军在衡阳地面作战最关键的时刻难以有效支援，自身反而遭到日本空军的攻击。7月23日，日军第90战队袭击零陵机场，击毁美机18架；28日袭击柳州机场，击毁美机36架。当燃料恢复正常供应时，衡阳已告失守。

中美空军从1944年5月27日至9月6日间，总共出动飞机677批、3664架次，其中驱逐机3416架次，轰炸机248架次。而在战役最激烈的7月至8月，就出动427批2752架次。总共在空中击落日机66架，在地面击毁日机58架，击毁各种车辆521辆、船只1360艘。

下进入衡阳市西北侧地区。

9时左右，中美空军六架P-40飞临衡阳上空，这些飞机时而进行俯冲轰炸，时而进行低飞扫射，使守军阵地的官兵心情非常欢快。战士们一面欣赏空军的战技，一方面搜寻日军目标，予以炮击。正在这个时候，他们发现一架飞机尾部冒着浓烟，机身摇摆不定。不久，戛然一声巨响该机被迫降落在高岭与停兵山之间的水田上，显然是被日军地面炮火击中了。坚守在停兵山上的守军第30团第7连连长张德山派排长王世禄率6名士兵去抢救飞行员。他们冲出铁丝网，发现机内飞行员只受轻伤，仍能冒着敌人火力冲返守军阵地。可惜的是，王排长及3名士兵却不幸为敌人狙击身亡。此机飞行员是空军分队长陈祥荣，伤愈后无法归队，方先觉军长安排他在军指挥所内，负责陆空联络事宜，他建议将符号按规定放大，空军才看得见，而且每当飞机飞来时，由他判定敌我，发放警报从未出过差错。地面的符号不仅有守军位置，还标出了日军的距离、兵种，以便中美空军的飞机能准确扫射轰炸目标。这是陈荣祥作为空军飞行员对衡阳保卫战最大的贡献。

日军第116师团已于清晨陆续抵二塘附近，继续向衡阳城西靠近。第68师团其他部队不是在向城内进攻，就是在江东岸机场一带战斗。日军的主攻部队已全部到达衡阳城下，于下午2时，开始全力全面的攻城战，日军步、炮、空联合对守军阵地全面猛攻，

■1943年“飞虎”队员在衡阳来雁塔前垂钓，欣赏如画的风光。

其规模声势较前为大。一直战至黄昏，五桂岭、张家山、虎形巢、瓦子坪等阵地虽然受到很大的压力，但所有阵地仍旧屹立无恙。阵地上的障碍物如铁丝网、木栅有许多地方被破坏，守军的伤亡也不少。至于日军的伤亡，那就更大一些，在各阵地前遗尸数十乃至数百具，总计不下700具。停兵山这一据点，在优势敌人围攻之下，则陷于苦战，情况更为惨烈悲壮。

守军预10师第28团各营营长见战事已进行两日，而本团仅作为预备队在城内挨敌机轰炸，同时疲于奔命地昼夜从事救火工作，从东扑到西，又从西扑到东，弄得焦头烂额。其艰苦状况较之作战有过之而无不及。回想在长沙三次大捷中，本团曾坚守长沙城垣与敌人鏖战4日，在援军的夹击下，大败敌军。假若这一次战役结束，而第28团却未披挂上阵，既丧失一次杀敌之良机，又有损团队之荣誉，那不是感到太遗憾了吗？因之纷纷致电师长，请缨出战，要求分配阵地加入战斗行列。葛先才师长考虑到第30团战线太广，连日来伤亡不少，而第28团官兵斗志昂扬，于是报请军长核可，将第30团防守之五桂岭、枫树山两阵地交第28团驻守。第30团以第3营守备湘桂铁路修机厂及西侧小高地，以便支援停兵山上的第7连，主力占领花药山南侧预备阵地，休整待命。午夜前交接完毕，预10师3个团均并列于第一线作战。方军长为了鼓励士气，详查各部队战斗成果，将

■衡阳保卫战期间，“飞虎队”轰炸日军阵地的照片。

有功人员电报军委会叙奖，当日便电复照准，预10师第30团团长陈德坒获忠勇勋章，是开战后获得勋章之第一人。

驻守石湾至大堡之间的第8团第3营，因受南进日军压迫，奉命于6月27日凌晨撤回湘江西岸归建，上午9时左右，第8团在行进途中，侦知樟木市地区有大批日军，为避免与敌人接触，西经衡山至衡阳的公路进入南岳市的底溪，并派便衣召回驻扎白石铺的第1营，继而向禹王宫出发。

是日，日方广播称：“我精锐部队，排除炽烈之抵抗，已在突入市街之态势。”

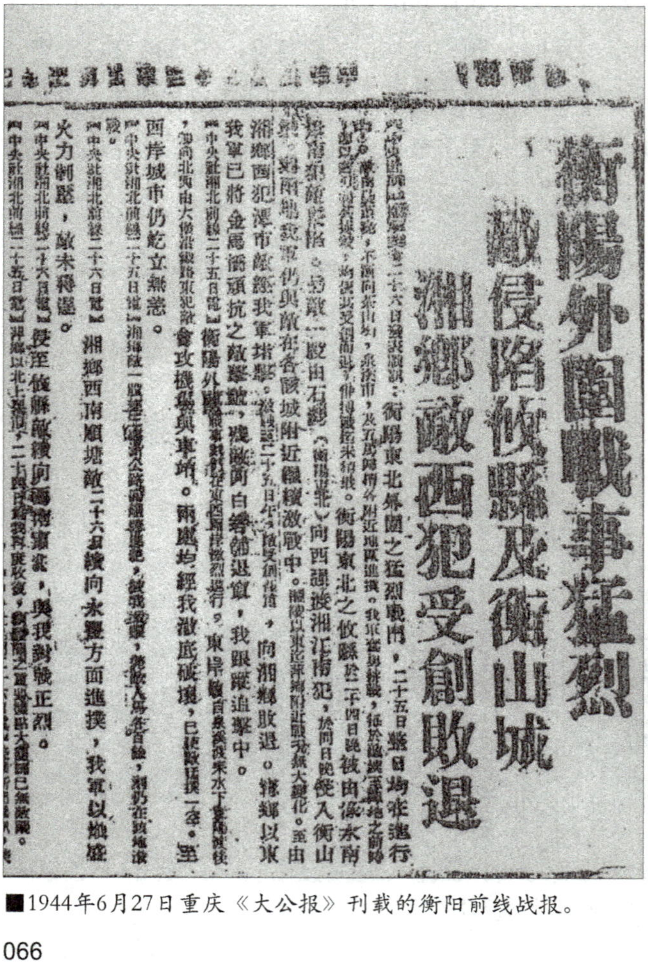
衡陽外圍戰事猛烈
敵侵陷攸縣及衡山城
湘鄉敵西犯受創敗退

西岸城市仍屹立無恙。

【中央社湘北前線二十六日電】湘鄉西南順塘敵二十六日續向永豐方面進擾，我軍以熾盛火力制壓，敵未得逞。

■1944年6月27日重庆《大公报》刊载的衡阳前线战报。

第6天——6月28日（农历五月初八）

日军第68师团师团长佐久间为人中将与第116师团师团长岩永汪中将于6月27日黄昏约定6月28日对衡阳发起全面总攻，是为第一次总攻，宣称三日攻下衡阳城。第116师团步兵第109联队第1大队（饭岛克己大尉）从西面进攻。第116师团步兵第120联队（和尔基隆大佐）向张家山附近高地（衡阳西南侧约1公里）进攻，以夺取张家山高地。第68师团第58旅团（太田贞昌少将）主力对停兵山及以东湘江西岸南郊地区进攻。第68师团志摩支队向衡阳城西北进攻。第68师团独立步兵第64大队（松山圭助大佐）、第116大队（田部久次郎中佐）继续留在湘江东岸。由于白天有中美空军飞机的助战，日军认为上午、下午不便展开进攻行动。只有在黄昏以后到拂晓的时间，守方飞机尚未飞临或已经返回基地后，日军才倾巢出动。

6月28日拂晓以前，日军步兵第58旅团独立步兵第117大队在永里恒彦少佐的指挥下，大举进攻停兵山。各层障碍物大多被破坏，在硝烟浓雾笼罩的阵地上，日军突入据点。守军第30团第7连官兵与日军展开肉搏战，寸土必争，战至最后一个碉堡时，官兵仅剩下4人，连长张德山电话向葛师长、陈团长报告："决与敌人拼至最后一颗手榴弹。"随着电话声的中断，爆炸声、枪声和喊杀声渐渐止息，第7连所有官兵全部殉职，而日军的伤亡，当在守军数倍以上。

为攻占停兵山这一据点，日军付出了惨重的代价，木栅前、铁丝网上、深壕内，都满布着日军的尸体。日军夺取了铁路以南的外围阵地——高岭和停兵山，这才认识到守军的防御异常坚固，炮火在准确性上特别优于他们。第68师团师团长佐久间为人中将命令炮兵向前推进，以便为6月29日拂晓的再次进攻作准备。同时将战斗司令部推进到黄茶岭西南欧家町的小高地上。

在10时30分，佐久间为人带领参谋长原田贞三郎大佐、参谋松浦觉少佐等人进入该高地，用望远镜窥测守军阵地。据白天霖的《抗日圣战中的衡阳保卫战》所说："我守军预备第10师第28团迫击炮连连长白天霖正在枫树山观测所，持10倍望远镜向阵地前作地毯式搜索。突然发现正前方约800米欧家町小高地上，有敌军10余人正在向我阵地窥视，并指指点点，若有所论，判定其必定为日军较高级将领的侦察行动。当机立断，不用单炮试射，而用排炮集中火力射击。只见全连8门炮（超编2门）第一群炮弹射击，即全部命中目标。望远镜中见敌众群相翻滚，接着再行效率射两群，都不偏不倚正中目标。佐久间为人、原田贞三郎、松浦觉等人均负重伤，后送就医[①]。日军第68师团整个战斗力为之瘫痪。"日军第11军司令官横山勇立即采取紧急措施，命令左翼第116师团师团长岩永汪中将负责全盘指挥，以便继续

■2009年10月，原中央陆军军官学校第14期炮科毕业生、前预10师第29团迫击炮连连长彭忠荣重回当年战场张家山，向埋在这里的三千英魂敬了一个军礼。彭忠荣老人今年（2013）高龄95岁，身体仍健朗。（资料来源：湖南《潇湘晨报》）

①与一些书所说的不同，佐久间为人未被击毙，只是受伤，送往汉口医院就医，并由南京回国，次年治愈。1945年2月20日被任命为第53军第84师团长，见《1945年日本本土决战战斗序列》。

攻击。同时调堤三树男中将，前来担任第68师团师团长。

另有一说，前预10师第29团迫击炮连连长彭忠荣（现仍健在）表示，欧家町的日军将军是他连的炮火击中的。他当时的驻地官山，位于张家山与火车西站以西，距欧家町1800米，中间无任何阻隔。而当时第28团迫击炮连的驻地枫树山距欧家町1900米，且中间有高岭阻隔，很难直接观察到欧家町。今二说并列，让大家思考判断。

守军第3师第9团固守易赖街以北辖神渡、草桥、石鼓嘴之阵地。易赖街至辖神渡之间是水田和池塘，须加以监视封锁。辖神渡和草桥南端为加强连据守，其余均有蒸水天险。28日午后，日军志摩支队猛攻辖神渡，守军第3师第9团第1营第2连连长苏毓刚率领战士奋战不懈，屡次将突入之敌击退，志摩支队被击毙200余人，攻击遭到失败。

辖神渡在今蒸湘北路北端蒸水处，草桥（今五一路桥）在城北门外蒸水上，蒸水入湘江河口上耸立着石鼓山。

守军第3师第9团第3营据守蒸水北岸来雁塔至望城坳一线。6月28日拂晓即为优势敌人围攻。在炮火支援下，守军背水而战，利用两据点相互侧防，士气极高，奋勇杀敌，给予日军重大伤亡。下午2时，日军大量增援，望城坳阵地被突破，第9连连长许健及两个排长牺牲。第3营营长孙虎斌指挥第7连连长周炳生率兵两排逆袭，敌势顿挫。下午3时，在与日军奋战中周炳生连长咽喉被子弹贯穿，送医数日后亡故，由排长张志贞升任连长。同时第8连据守的来雁塔阵地亦被日军突破，连长失踪。

在草桥北端指挥战斗的第9团团长萧圭田见形势不利，命令孙虎斌营长集中兵力，逐渐向石鼓街集结，于日没后全部撤回草桥南岸。并由工兵部队用炸药将草桥炸毁，在南岸用火力封锁，以免日军抢修强渡。同时将木船竹筏集中于南岸，作以后进出之用。据当地幸存居民日后回忆：日军在望城坳付出了重大的伤亡，将受伤被俘的第10军战士一律枪毙；最惨绝人寰的是，他们将号兵作为最痛恨的人，当作活靶、用刺刀活活刺死。

自石鼓嘴至新街以北湘江西岸由第190师第570团守备，28日以后，发现湘江东岸日军有集结船只准备渡江模样。而江东飞机场亦有五六门炮，不时向城区作扰乱性射击。因此第570团守军不分昼夜严密监视，防止日军偷渡，并请示上级派空军前来侦察敌情。

预10师第28团第3营固守江西会馆、新街与五桂岭南端阵地，28日也遭到日军连续攻击。

第3师第8团已转移至衡阳县岣嵝乡禹王宫附近一带。

第7天——6月29日（农历五月初九）

6月29日拂晓，日军第68师团将湘江东

岸独立步兵第116大队，调到西岸从铁路南面进攻。由于日军独立山炮兵第5联队的弹药供应发生了困难，在铁路南侧高地守军的英勇阻击下，日军未能越过南郊铁路一步。

日军永里恒彦少佐带领的独立步兵第117大队继续攻击停兵山，在切断守军布置的铁丝网后，向前强行推进，结果触上了地雷，并遭受到守军猛烈的射击，尸横遍野，其5名中队长相继被击毙，进攻失败。

江西会馆、新街与五桂岭南端的阵地战斗更为激烈，自6月28日就遭到日军连续攻击，至29日先后曾为一部分日军突入。守军预10师第28团第3营营长李若栋指挥预备队连续逆袭，将入侵之日军击退。在阵地与障碍物前日军留下尸体300余具。李营长左腿亦负重伤，不能指挥战斗，由第2营副营长翟玉岗接任。

日军为了实现“三天攻下衡阳”的大话，第68师团、第116师团共17个大队，计35000人的兵力，从东、南、西、北四方围攻衡阳城里的第10军。而其中以张家山一带的攻击最为酷烈。张家山即今气象台所在地，现名胜利山，在火车西站以北，是城西南阵地的突出部分，为整个战线的关键。张家山由三个不大的小高地聚合而成，主高地西南面偏南的是227.7高地、偏北的是221高地，两地中间相距约50米，是步、机枪交叉火力网最有效的距离。张家山略高，位在两小高地东北约150米的地方。三座山略成“品”字形，在军事上可以互为犄角，互相

■原张家山地貌图。

支援，互相掩护，是一个特别坚固的阵地。

坚守张家山阵地的是预10师第29团第1营，午后及黄昏，227.7高地及221高地曾两次被日军突破，第29团副团长刘正平指挥第2营（欠1连）逆袭，重创日军。入夜该阵地由第29团第1营、第2营共同防御。午夜，阵地又为日军突破，时第1营营长周立岳调军部，由第28团团附劳耀民调升接替第1营营长，与第2营营长李振武协力抗敌。第1营、第2营伤亡过半，而日军是踩着自己伙伴的尸体，以之作为掩护与阶梯而前进突入的。最后师部加派第30团第2营前往逆袭，天明前将入侵之敌全部歼灭，估计日军伤亡在1个大队以上。师部遂命张家山改由第30团第2营防守。劳耀民营长负伤不退，团长朱光基慰勉有加，命其率残部100余人至团部附稍作休整，作为增强据守虎形巢阵地的该营第3连之准备。李振武营仅存140人，奉命返回原来据守的第二线张飞山阵地。至此，预10师的三个步兵团都有重大伤亡，师之预备兵力只剩下直属部队的五个连而已。

第10军的军部原设在中正路的中央银行，但战斗一打响，军长方先觉为指挥上的方便，便把军部迁往五桂岭湘桂铁路局内的前进指挥所。这里距前线仅300米，方先觉坐镇第二防空洞内全面指挥。日军向五桂岭阵地进攻时，几次冲到他的指挥所附近，他无所畏惧，镇定地在洞内打电话。高级参谋彭克复曾问方军长：“这次会战，敌人攻势比长沙会战时怎样？”其实此次日军的攻势比长沙会战猛烈得多，但想到要稳定士气，方军长于是静静地回答：“差得很。”官兵见方军长如此镇定，也都安静地定下心来。然而军部外面的日军尸体已多达一两千具。直到29日傍晚，在各师长、团长一再要求下，方军长才将指挥所搬回中央银行的防空洞。因为中央银行的防空洞坚固多了，就在中央银行的地下金库旁边。

受命进攻张家山西北方虎形巢高地的日本第116师团步兵第120联队，在联队长和尔基隆步兵大佐的指挥下，于夜幕降临后猛烈袭击。哪知尚未接近阵地便遭到致命打击，一名大队长被击毙。第116师团岩永汪见第120联队无功而还，又遭受很大损失，于半夜急派第133联队到衡阳参战。

是日，日本东京广播称：“我军精锐部队，开始猛攻衡阳街市，刻正渐次夺取渝军防卫阵地。渝军之抵抗，相当顽强。但该地之完全占领，亦仅时间问题而已。”

第8天——6月30日（农历五月初十）

6月30日，日军出动60架飞机飞临衡阳市城区投掷燃烧弹，从南至北均引起大火。日军趁机轮番冲杀，守军奋力抵抗。非战斗兵员见此大火，纷纷自室内跑出，有的救火也有的不知所措，只得乱跑，城内一片混乱。方先觉军长见到这种情况，十分冷静地站在中央银行门口指挥，命特务营制止乱跑的士兵，同时对南北两面警戒，以防日军乘机突入。正当方军长在街上指挥时，一颗炮弹从庆孚成店门前的魁星浮雕上落下来，打在方军长身旁。一个卫兵赶快上前去拉军长，而军长却一动不动地站在那儿。是反应差吗？不是的，方先觉在接受了死守衡阳的命令后，作为一个军人，早已将生死置之度外，视死如归。幸好这个炮弹没有爆炸，在场的官兵无不为此而欣庆。

依据日军战史记载，6月30日下午3时，第133联队指挥官在张家山西南方向1000米的高地上，下达了作战命令，要点如下：

一、敌情及友军的状况（在现场作指示）。

二、联队于6月30日日落后开始行动，7月1日天明前迫近敌前最短距离，作好进攻准备，拂晓以步炮火力开始进攻，一举夺下张家山高地。炮击从5时开始，支援冲锋的射击从6时开始，持续5分钟，但须另下命令。

三、第1大队（配属工兵一小队）为第一线，本日日落后开始行动，明日（7月1日）黎明前攻击张家山高地正右方，在步炮支援冲锋的射击中攻入敌阵地，一举夺下张家山高地。

四、第2大队指挥该大队全部重武器和步兵炮一小队及速射炮中队，占领停兵山及一所房子的高地，协助第1大队作战。

五、第3机枪中队（缺一小队）由联队直辖，明日（7月1日）黎明前，应在停兵山占领阵地，用火力包围张家山高地，支援第1大队。

六、步兵炮中队（缺一小队）应向张家山西南1公里的高地侧射火力。

七、在支援冲锋射击时，除上述步兵重武器外，第一线大队的轻机枪应参加。

八、在天亮前，应在各重武器阵地构筑简易掩蔽阵地。

九、第2、第3大队（各缺重武器主力）及工兵大队（缺一个小队）为预备队，于本夜开始行动，明日（7月1日）黎明前第2大队和工兵中队部署于停兵山西南侧地区，第3大队部署于托樫坑（托里坑）以北约300米

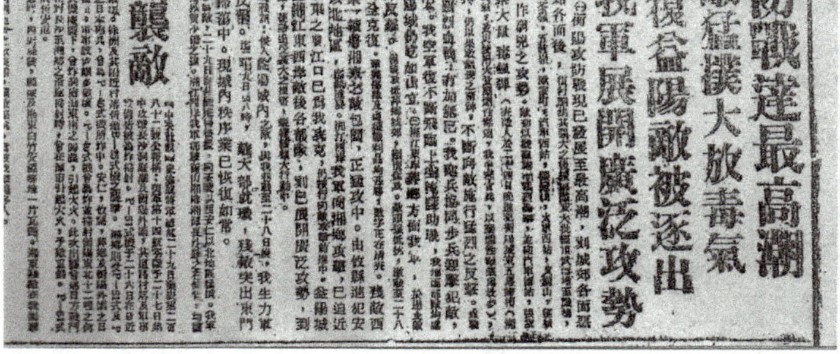
衡陽攻防戰達最高潮
城郊之敵猛撲大放毒氣
湘鄉克復益陽敵被逐出
敵後我軍展開廣泛攻勢

■1944年6月30日重庆《大公报》刊载的衡阳前线战报。

村庄附近。

十、各队应准备携带攀登悬崖用的竹梯子。

十一、通讯中队应及时开始作业，以A高地为基点，在部署的各大队本部、第3机枪中队以及联队本部的事务室之间架设有线电话。

日军的想法是天真的，自认天衣无缝，一举可以拿下张家山高地。各队长接到命令，立即侦察阵地分别准备进攻。同时通知左侧步兵第120联队协助进攻虎形巢高地。然而夜幕降临，面对寂寞的守军阵地，日军也感到可怕，到底是轻而易举可以攻下，还是坚不可摧呢？只有待战斗来说话了。

是日下午4时，日军向五桂岭南端阵地大举炮击，并利用南风对其有利，不顾国际公约，施放毒气弹连续半个小时。当炮击时守军预10师第28团第3营第7连战士为避免伤亡，皆留在较低洼的工事内，80余人皆不幸中毒而亡。直至黄昏时分第3营营长翟玉岗因与第7连连长朱中平电话联络不上，派传令兵前往探视，见除了不在阵地的特务长和4名炊事人员外，全连人员全部中毒身亡，惨不忍睹。翟玉岗遂以预备队填补火线，同时将此情况上报团部、师部、军部。

经过此次血淋淋的教训，方先觉军长采取紧急措施，派军医处处长董如松组织抢救，把军部直属部队所有防毒面具收拢起来，全部送往第一线官兵使用，而以轻、重机枪射手及班长为优先，要全部官兵提高警惕讲求防毒。但当时守军防毒条件极差，董如松亲自带救护队上前线，医治中毒官兵，并指导战士使用湿毛巾防毒。当日军施放毒气时，无防毒面具者可尽快将毛巾折叠，放

■今日的托里坑。

在水中浸湿后捆于面部，毛巾上剪二孔露出双眼可以继续作战。守军中毒者均似灼伤，产生水泡有两种：大的如银元，高达半寸，内有黄水，较小的水泡则为绿色。中毒者两腿均不能直立行走。事后由大本营转请美国空军第14航空队化学战情报官汤姆生上尉详为研究。结果是绿色水泡为“路易氏气”所致，黄色水泡为“芥子气”所致①。此种由7.5厘米炮弹所散布的毒气为二者之混合物。

最为激烈的仍然是张家山高地。如前所述，第116师团步兵第133联队在下达任务后，联队长黑濑平一大佐便开始侦察地形，研究其联队和炮兵的情况，在火车西站西南1公里的高地与第116师团野炮兵第122联队长大岛卓大佐协商，为贯彻对以张家山为重点的攻击，准备攻击湘桂铁路一线及张家山高地附近各据点。鉴于中美空军在白天的优势，日军决定在日落后采取行动。虽然在猛烈的攻击下日军两次突入张家山西侧221高地，但均为守军击退。黄昏时，日军又同时侵入221高地及南侧的227.7高地，守军预10师第30团第2营伤亡达70%，正在危急之时，团长陈德坒派第1营营长萧维率两个连进行逆袭，将突入之日军全部击灭。夜半，日军又大举进犯，极为凶猛，二高地又有日军突入。

这天虽是五月初十，可惜是阴雨天，黑魆魆伸手不见五指，人脸更是看不清楚，守军与突入之敌混在一起，敌我莫辨。双方均如捉迷藏一般，静悄悄不敢弄出一点声音，以免暴露自己的位置。守军官兵以手摸抚接触之人，穿粗棉布衣者为自己人，穿光滑卡其布衣者为日军。一旦发现敌人，便用刺刀刺杀。因之时而有枪支碰撞声或被刺者惨叫声发出。得知二高地又遭敌突入，团长陈德坒亲率第1营之预备队及团直属部队编成之一连前来支援。当支援部队进至二高地前斜面时发现此种情况，不敢加入战斗，只得停止前进；迨至晨曦微露始能辨别方向时，乃大声喊杀冲向山脊。日军后续部队这时也正好停在高地反斜面上，听到守军的喊杀声，也向上冲锋前来。就是几分钟的先后，守军先声夺人，一鼓气把伏在高地上的日军与仰攻前来的日军全部击退。

虎形巢与张家山一样，是我守军阵地之锁钥。虎形巢的东南面300米是张家山，东北约150米为范家庄，西面为平坦且开阔的水田，有200米宽，本身是一个独立高地，周围约400米。日军自26日起连续五昼夜向

① “路易氏气”学名氯乙烯二氯砷，糜烂性毒剂之一，纯品为无色液体，有天竺葵气味，沸点190℃，凝固点零下13℃，微溶于水，易溶于有机溶剂，发挥度和渗透力均大于“芥子气”，能引起皮肤红肿、起泡，以至溃烂，严重时也能伤害各部器官或引起全身中毒，漂白粉、苛性碱等可破坏其毒性。“芥子气”学名二氯二乙硫醚，糜烂性毒剂之一，纯品为无色油状液体，有大蒜或芥末味，沸点219℃，凝固点14.4℃，难溶于水，易溶于有机溶剂，发挥度小、渗透力强，能引起皮肤红肿、起泡，以至溃烂，如侵入体内，也可引起全身中毒，氯胺类消毒剂或漂白粉等可破坏其毒性，日本在广岛县大久野岛曾大量生产“芥子气”武器，岛上居民都深受其害。

■今日的范家庄。

这里发动攻击，开阔的水田使守军轻重兵器火力大有用武之地，冲过这片水田的残敌继续通过木栅、铁丝网等各层障碍物突至峭壁前缘，满以为是可以栖身的死角地带，想不到居高临下的守军用手榴弹迎敌，残敌非死即伤。最初两天日军伤亡惨重，变本加厉地增加这一地区的炮火，白天向守军阵地猛轰滥炸与毒袭，以便黄昏后继续进攻。28、29、30日各夜先后发起七次冲锋，每次都在100人以上，殆皆陈尸于峭壁之前。

30日下午夜雷雨之后，日军40余人秘密通过障碍物破坏口，进入外壕，用叠罗汉作人梯登上峭壁，侵入阵地西南部并占领三座碉堡。守军预10师第29团第1营第3连在连长梁耀辉指挥下，奋起迎战，反复争夺，混战成一团。正在难分难解之际，第1营营长劳耀民率部急驰而至，先分兵于阵地两侧，以火力阻止日军之后续部队，让突入之日军陷于孤立。然后以三人为一突击小组逐壕扫荡，只听见一阵阵手榴弹的爆声与白刃战的喊杀声互相激荡，并伴随着受伤者的呻吟之声，凄凉的夜景却有如此惨烈的战况，至拂晓前除两个碉堡尚有日军在负隅顽抗以外，其余阵地大部恢复。梁耀辉连长亲自指挥突击，却被日军狙击，中弹牺牲。守军四个突击组轮番攻击，在天明后将两个碉堡内的9名日军尽行炸死，而守军突击组也阵亡7名战士。

综观连日来日军的进攻，每天照例是在黄昏时候开始进攻，一直厮杀到拂晓以后才罢休。守军在短兵相接中大都是用手榴弹发挥杀敌作用。从6月26日至6月30日，每天都要用上两三千个手榴弹。因之战斗最激烈的五桂岭、枫树山、张家山等阵地到晚上却成为火山，交织着鲜红的火与血。湘江东岸八甲岭的飞机场上，每天夜晚也燃起一堆堆烈火，原来这是日军在焚烧前一夜战死者的尸体。短短的六天，前一夜在湘江西岸的火光中倒下，而后一夜则在湘江东岸的火光中烧毁的一万多具日军尸体，在晚风中，又把它们的血腥臭味飘过江来，使湘江西岸的守军时而可以嗅到这令人作呕的血腥尸臭味。

是日，第3师第8团第1营已转移至禹王宫附近与团主力靠拢。

6月28、29、30日过去了，佐久间为人与岩永汪声称“三天攻下衡阳”的大话破产了，衡阳城岿然不动。

第9天——7月1日（农历五月十一）

7月1日，这一天日军很早就开始攻击，清晨5时正，日军各炮兵阵地各种类型的火炮就开始向守军阵地射击。顿时，寂静的拂晓变成暴雷急雨式的黎明。由于双方距离很近，守军保垒上的枪眼，大多被日军的炮火推毁，张家山的三个高地上，硝烟弥漫，树木被摧毁了，工事被摧毁了，木片和枝叶夹杂着泥土凌空飞散，山头被削掉了一层，整个山坡像是被掀翻了一遍。

炮击机轰之后，是猛烈的机枪扫射，步兵便以30、40人为一个组，打着赤膊，轮番冲锋，日夜如此，实现他们所谓的“肉弹主义”。可见日军为了他们的武运长久，也是拼命的。守军具有坚强的毅力，能熟练地运用手榴弹作战，他们在硝烟笼罩下，为了保卫祖国，为了保卫衡阳，对来犯的日军予以痛击，冲在最前边的日军一个中队几乎全部被击毙。但日军并不因此而罢休，下午2时，再次发起猛攻，担任第一线冲锋的一个大队只剩一个中队长，其余全部阵亡。日军再度组织夜袭，221高地曾于夜半时为日军突破，萧维营长指挥官兵逆袭，天明前将入侵阵地之敌击灭。

虎形巢的战斗尤为激烈，入夜，日军便不计生死地猛闯。日军进攻密集得没有波段可分，不像平日30－40人为一组，而是一片人往火海里冲进来。直至午夜日军由多处插入守军阵地，双方处于混战之中，日军仍不断增援。守军已伤亡过半，弹药特别是手榴弹缺乏，就这样阵地被日军占了大部分。预10师第29团第1营营长劳耀民指挥所部坚守阵地东北一角，浴血苦战。至7月2日凌晨3时左右，第29团团长朱光基饬第2营营长李振武率部驰援，由阵地东北向西逆袭，经过两个小时的鏖战，将突入之敌全部消灭。天明以前，由第2营接替第1营虎形巢阵地，一边整理战场，一边加强工事，日军已遗尸将

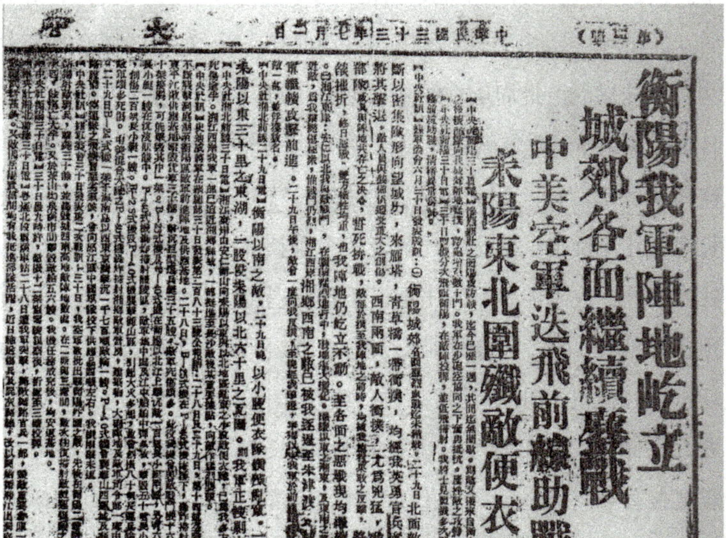
衡陽我軍陣地屹立
城郊各面繼續鏖戰
中美空軍迭飛前線助戰
耒陽東北圍殲敵便衣隊

■1944年7月1日重庆《大公报》刊载的衡阳前线战报。

近1000具。守军第1营幸存官兵已不足100人，接替原第2营所占领的第二线张飞山阵地。在逆袭战斗中，第2营也伤亡40余人，副营长李文秀左臂负伤后送医治。

虎形巢以北的范家庄高地由预10师第29团第3营一个加强连据守，第3营主力占领第二线阵地西禅寺。范家庄同虎形巢一样，西面是一片水田，日军无所遁形。狡猾的日军便由汽车西站沿公路向范家庄的西北面进攻。据守西禅寺的主力及时用火力掩护，使范家庄固若金汤。开始时，日军用炮火破坏守军阵地工事及障碍物，试图于白天以极为疏散之队形悄悄地接近范家庄阵地。守军看透了日军的企图，将他们歼灭于阵地的障碍物前，让他们有来无回。后来日军又改为夜间进攻，往往能从破坏口进至范家庄峭壁悬崖之下，但全部都死于守军的手榴弹爆炸之中。接连5昼夜，日军未能越雷池一步。

瓦子坪阵地由第3师第7团第3营据守，营长李桂禄战前是周庆祥的随从副官。7月1日夜日军200余人突破进入瓦子坪阵地。李桂禄率残部后撤，团长方人杰指挥第2营营长谢英几次反击，输送连连长及三个排长都壮烈牺牲，也未能将日军击退，不得已退至预备阵地杜仙庙。第3师师长大为震怒，当场将第3营营长李桂禄就地正法，第7团团长方人杰撤职交军部查办，由第9团副团长鞠震寰接替第7团团长。由第2营接替第3营防守阵地。第3营残存官兵仅130余人，改为团预备队，由团附王金鼎任营长。方先觉将李桂禄正法、查办方人杰的决定通令全军，并表彰周庆祥当机立断、不顾私情、执法严明。全军官兵知道这一消息，无不为之肃然叹息。

防守湘江的是第190师第570团，7月1日拂晓前，天还未亮，守军发现湘江东岸有三四十只木船载着日军向西驶来。守军于是要求炮兵射击、空军炸射。待敌船驶至江中央时，更配以战防炮射击，大多数敌船被击沉。但有少数船只接近江西岸，被守军重兵器猛烈射击，打得船翻人入水，残骸遍江，随波而逝。日军的渡江阴谋又一次挫败了。

第10天——7月2日（农历五月十二）

7月2日拂晓，日军又向张家山阵地施放大量毒气弹，导致许多守军官兵昏迷。8时左右，日军开始发动凶猛无比的进攻，第一次的兵力在200人以上，同时突入221高地及227.7高地。萧维营长指挥士兵反复冲杀，也未能将其阵地恢复。陈德坒团长命令项世英团附至阵地鼓励士气，勉其拼死等待援兵。萧维营长与项世英团附并互相交换原籍通讯地址，并且约定：二人中假若有一人牺牲了，另一生者应负责通知死难者之家属，其情景是如此悲壮。

其实此时陈德坒团长下属的预备队已残存无几，正在为难之际，预10师葛先才师长亲率参谋与卫兵数人进入萧家山第30团指挥所。原来预10师指挥所在五显庙，距萧家山只300米，而距张家山仅700米。葛先才十分关注第一线的战况，现在闻知两个高地均被日军突入，立即亲自指派工兵连及搜索连向张家山展开逆袭。同时要求炮兵集中火力，阻止日军后续部队。

一时冲锋号声大作，守军官兵壮志如云，奋起喊杀，以排山倒海之势冲上221高地及227.7高地，与敌鏖战40多分钟，将突入的日军全部歼灭。原阵地守军第30团第1营伤亡殆尽，萧维营长及赵毓松副营长都受了伤。第2连连长刘铎铮、第3连连长应志成均阵亡，排长则剩存一人。担任逆袭任务的工兵连及搜索连也各伤亡20余人。工兵连连长黄仁化负伤不退，拉响一颗手榴弹与敌人同归于尽。搜索连中尉排长王振亚在部队的前面带领冲锋，与日军作殊死的战斗，屡仆屡起，最后擒住一个敌人互相搏斗，就地翻滚，但附近有一颗手榴弹爆炸，与敌偕亡。

由于张家山阵地是衡阳城西南方向的重点工事，也是日军攻击的重点，一周以来，第30团伤亡重大，已无兵力继续坚守阵地。葛先才师长于是将工兵连和搜索连留在第一线，与由第30团直属部队编成的一个连共同坚守张家山阵地，责成副团长阮成指挥这勉强凑成的三个连。当张家山阵地恢复后，战地传言“葛师长赤膊大战张家山”的事迹，全军上下官兵闻之，无不为之振奋，战后葛先才师长回忆说：“那天由于天气酷热，是跑步上张家山的，到山上时已经汗流浃背，当时见到我军尸体与敌人尸体纵横交错，同时听到受伤者的呻吟之声，不禁悲从心来，热泪盈眶，于是脱下上衣，一面挥泪，一面擦汗。”然而战地传言却让将士们奋战不已。

在辖神渡阵地，第3师第9团第2连仅存

■进犯衡阳之日军机械化部队。

20余人，自28日起，在连长黄宗周的指挥下与日军死缠恶斗，至7月2日上午9时，全部壮烈牺牲。第9团左翼部队于是退守演武坪第二线阵地，同时加强工事。

6月23日至7月2日已经是第10天了，十天以来，日机每天飞临衡阳上空，狂轰滥炸，并且半数投下燃烧弹，城区日夜大火不断，红光照天，繁华一时的“小上海”成为一片焦土，极尽人间惨状。我空军虽经常来助战，但是你来我往，很少发生空战，各炸各的目标罢了。军事委员长蒋介石得知衡阳被炸，特来电指示，以关心战士们的住宿：“要利用已炸毁之木板，搭盖棚屋，用破门板作上盖，用碎砖作墙，既能避风雨日光，又能防炸弹的破片，切不要让士兵们露宿。”官兵们立即展开整建工作。但是伤员太多，医治不得不在断瓦颓垣间进行。伙食更是大问题，根本谈不上营养，其医治效果当然减低。

自6月28日至7月2日共五天，为日军第一次总攻，日军伤亡大约在16000人以上，相当我军守城总人数。第68师团及第116师团所属各步兵中队（相当于连）之兵力平均残存官兵人数约20名而已。守军伤亡达4000人，仅日军的四分之一。日军万万没有想到，第10军有如此顽强的战斗力，他们以如此惨重的代价，仅夺取停兵山、高岭两道前进据点以及来雁塔、望城坳、瓦子坪、辖神渡等外沿阵地。而我军第一线阵地屹然不动，只是在每处阵地前遗尸堆集如山丘，血流遍地红，在炎热的阳光炙晒下，臭气熏天。因尸体太多，无法拖到飞机场去烧，每

■昔日演武坪，今天的西湖公园。

■昔日停兵山，今天的北塘村。

隔两三日，日军便于阵地四周焚烧一次拖回的尸体。守军阵地大都位于北方，南风吹来，奇臭无比，令人作呕。

横山勇接到师团攻城报告，五天未能前进一步，伤亡却如此惨重，弹药也已急缺，半夜请示畑俊六，下令停止攻城。

衡阳战绩传到重庆，是日，重庆全国慰劳总会发起签名运动，向衡阳守军致敬，用白绸制成长达1丈的信封20个，内装重庆各界20万人签名的致敬信，准备连同捐献的大批慰劳品、奎宁丸等由飞机投送衡阳城。

日军第11军军部预备另调第34师团、第117师团来衡阳增援。

方先觉军长鉴于10天来战斗之惨烈，伤亡之众多，兵力亦日趋单薄，于是命令第3师留置南岳市、衡山一带的第8团尽速突破日军封锁线，回衡阳归建。第3师师部即电饬已进入衡阳县的第8团相机冲入衡阳城。黄昏时分，该团由禹王宫南下，经七里冲至望仙桥以北地区，侦知日军大部队正经望仙桥南进，于是折回禹王宫，并一边与师部联络。

第11天——7月3日（农历五月十三）

7月3日，日军第一次总攻至此损失惨重，感到屡攻受挫，伤亡难以补充，便由全面进攻改为重点进攻，并且多在夜间进行。

第12天——7月4日（农历五月十四）

7月4日，下午4时，日军将10多门炮推进到停兵山一带，距离守军一线阵地约四五百米。为了配合晚上的进攻，日军的火炮向张家山、虎形巢等地猛烈射击。守军炮兵虽然弹药极缺，又无法补充，也不顾阵地位置暴露的危险，集中火力全面反击。近一个小时的炮战，击毁挺进之敌炮两门。守军清泉路军直属山炮兵营第2连，也遭到敌炮急袭火力之反制，连长李仲琦和第1排排长张秀清先后负伤，四门炮也被击毁了一门。

黄昏终于来临了，日军以为白天的炮击摧毁了守军阵地，于是又开始向张家山、虎形巢两阵地进攻。第30团副团长阮成坐镇张家山，所率领的师直属部队敢于拼杀，一夜之中，日军连续波浪式的五次冲锋都被击溃，顽固的敌人全部被歼灭在阵地以外，无一人能冲入阵地。虎形巢方面的战斗同样激烈，日军于上半夜的两次进攻都遭到失败。第三次进攻时，却有一部分日军突入。他们与守军作逐堡战斗，形势十分危急。第29团团长朱光基派第3营营长严荆山率第7连及团直属部队混编成之连，由杏花村方向前来逆袭。此时日军已占领西面突出部分和南面一角，将近高地面积的三分之一。逆袭部队与日军作拉锯式的拼杀搏斗，悲壮惨烈地进行两个小时战斗。在此关键时刻，第2营营长李振武带领据守工事内的官兵全部跃出碉堡，全力反击，用刺刀将丧失的阵地夺回。严荆山右腿受伤，力战不退。第二天天明后清理战场，日军遗下尸体200多具，守军伤亡120余人。

7月3日折回禹王宫的第3师第8团在7月4日晚仍按原路线南行。

第13天——7月5日（农历五月十五）

7月5日至7月8日日军仍继续扰乱，尽管日军第11军军部决定7月2日午夜起停止进攻，但日军仍于黄昏后，在炮击与毒袭之掩护下，分别向我江西会馆、枫树山、修机厂、张家山、虎形巢等阵地进行攻击，虽然双方各有伤亡，但守军阵地安然无恙。

5日黎明第3师第8团到达阳仙庙休息，立即与师部取得联络。

■江西会馆的断壁。

第14天——7月6日（农历五月十六）

7月6日，芷江空军第3路司令部传来军事委员会委员长蒋介石的两通电令。第一通是嘉勉第10军将士奋勇固守的作战精神和功绩，并指示守军务必再奋神勇，固守两星期，配合外围友军，内外夹击，以完全歼灭敌人，造成空前的湘中大胜利。

第二通电报是嘉奖预10师师长葛先才在恢复张家山阵地时有功，特颁青天白日勋章一枚。至于其他官兵功绩由方军长详细呈报，从优奖叙。

第3师第8团为了迅速入城归建，6日凌晨，在中美空军两架飞机飞临上空掩护之下南进。沿途消灭了少数抵抗的敌军，于中午到达草桥以北地区。这时发现在通往渡口要道的天主堂中有日军200余人。于是由第1营及第2营一连展开进攻，第2营剩下的部队占领要点，以阻止七里井方向日军南下。天主堂的日军凭借坚固的建筑防守，直至下午2时第8团以小迫击炮给予猛烈轰击，同时又有中美空军飞机四架前来助战。3时左右，日军不支沿河往北逃溃，遗下六具尸体，我方亦伤亡16人。这时草桥虽毁，但南岸第9团已用木船竹筏架好浮桥接应。第8团以第3营、直属部队、第1营、第2营的顺序迅速渡过蒸水入城，于天黑时全部入城。全军战士闻此消息，士气大振。第8团在衡山一带对日迟滞的作战中，已经半个月，战力损失约三分之一，骡马全部死去，战斗行李也遗弃殆尽，但是他们冒死归建，誓死守卫衡阳城的精神是难能可贵的。

第15天——7月7日（农历五月十七）

7月7日，十多天的战斗，日军进攻重点一直是西南城郊。特别是第8团从北部入城，更加证明了北面围城的日军兵力甚弱。方军长为了着重加强西南方向的防守，作出了调整部署的决定：

一、第3师第7团依旧担任易赖庙前街、青山街、杜仙庙、杨林庙主阵地防守。第8团担任五桂岭北部至接龙山第二线阵地防守，第9团将城西北阵地交第190师接替，即担任天马山、岳屏山第二线阵地防守。

二、第190师担任铁炉门码头以北至石鼓嘴沿江防守，及石鼓嘴往西的杜家港、演武坪、易赖庙前街一带防守。

三、暂编第54师仅有的一营兵力，以担任湘江西岸铁炉门码头以南至新街地区的防守比较合适。

本日虽值阴历十七，但月黑风高，枫树山守军预10师第28团第2营派第5连排长邓星明中尉，率敢死队一个班，潜行至欧家町小学附近，进入敌营，用手榴弹炸死敌数人，安全返回。

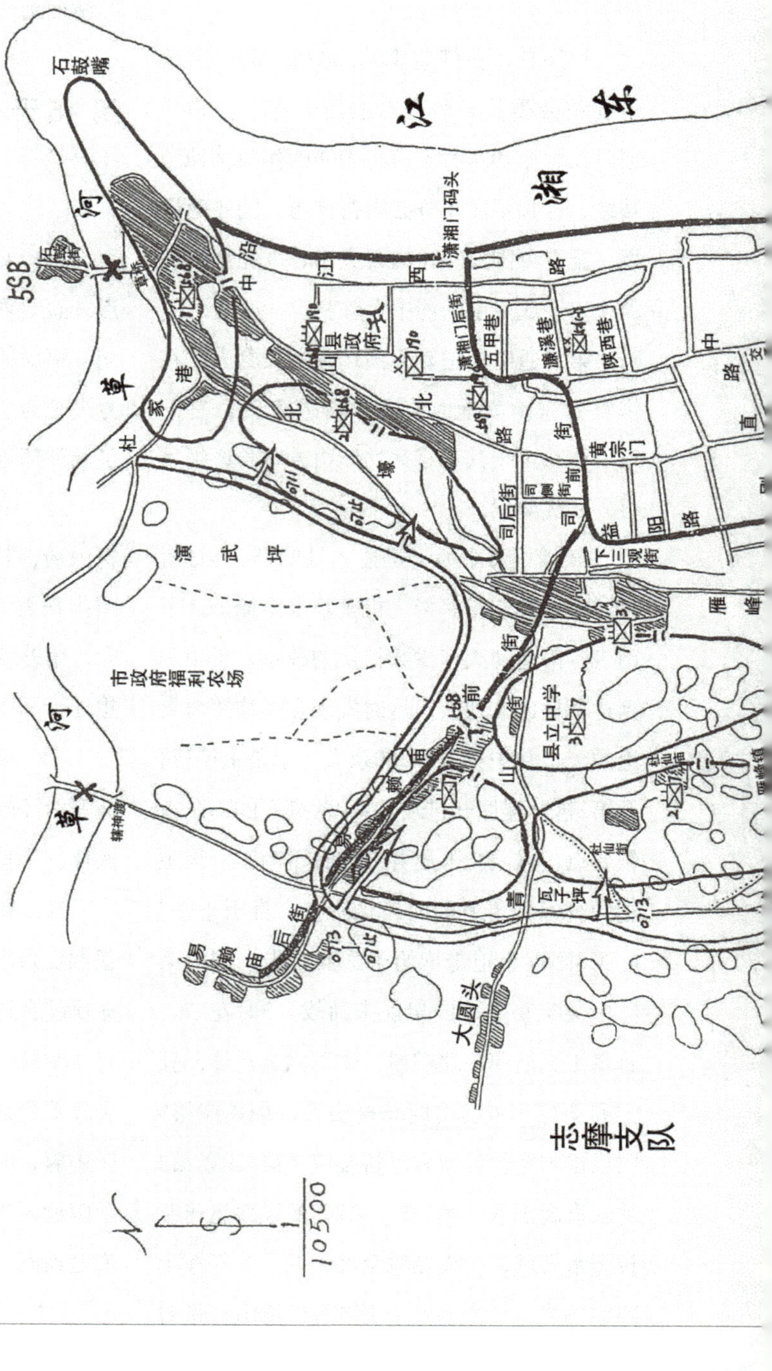

衡阳保卫战陆军第10军防御配备及战斗经过要图
（1944年7月7日至7月16日）

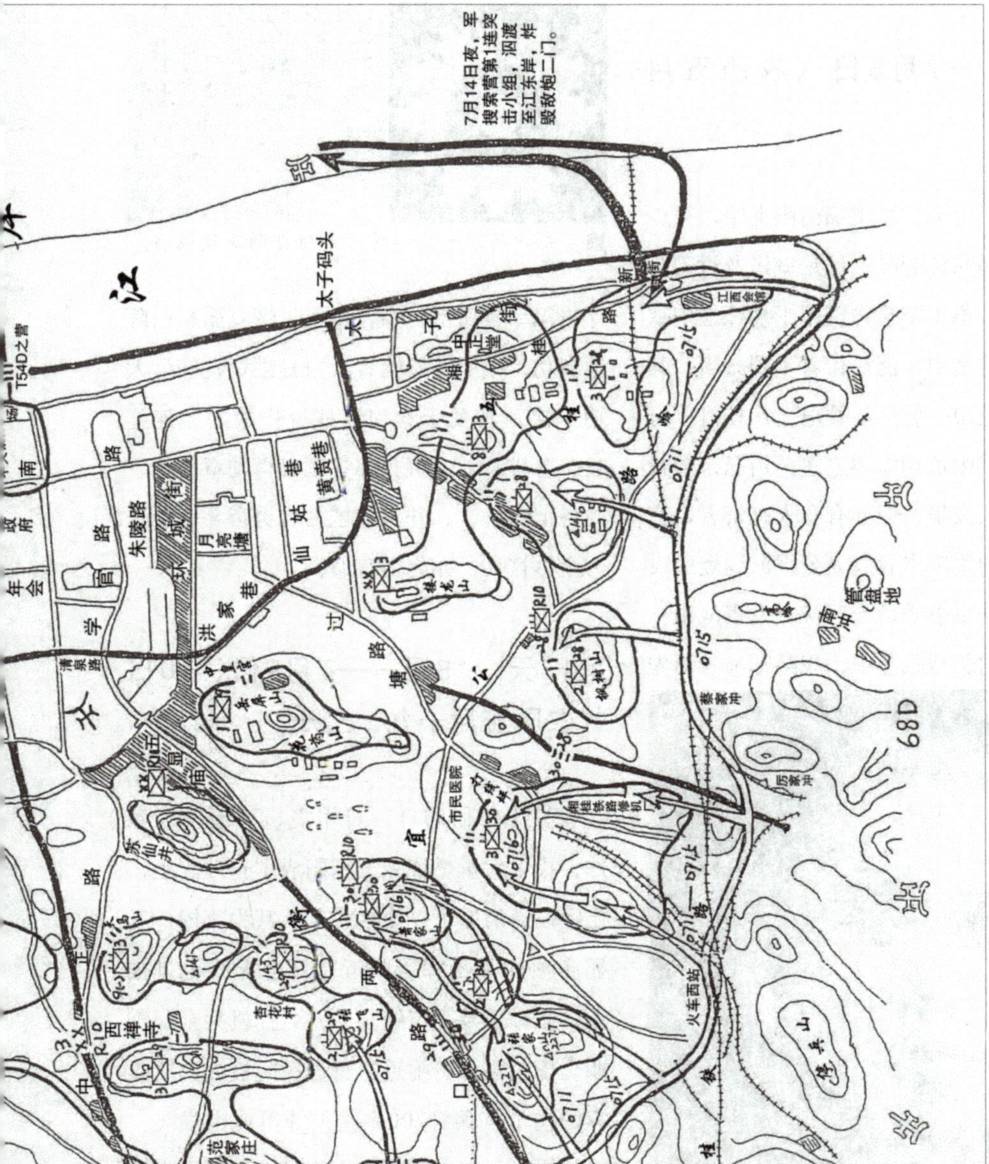
7月14日夜，军搜索营第1连突击小组，泅渡至江东岸，炸毁敌炮二门。
太子码头
江西会馆
T54D之营
市民医院
火车西站
汽车西站
西禅寺
68D
16D

第16天——7月8日（农历五月十八）

7月8日，中美空军飞临衡阳上空，第一次空投补给品和慰劳品。但是城区及近郊阵地太过狭小，不少空投物资落于湘江之中或落入日军阵地之中，能拾得者不到一半，其中最多的是毛巾、肥皂、香皂、八桂丹、万金油等。而城中迫切需要之医药用品未曾投下，真是令人失望。但亦有令人兴奋者，空投下来当天的重庆出版《大公报》刊登中央社通讯：“据军事委员会7月7日发表战讯：在保卫衡阳的恶烈战斗中，我某师师长葛先

■衡阳战役中首先获得青天白日勋章的葛先才将军。

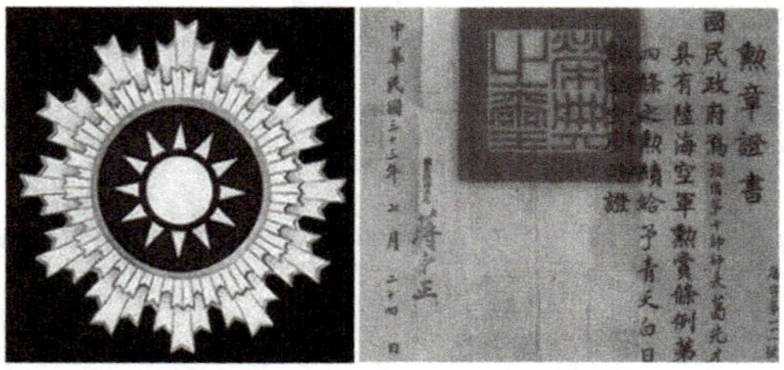

■葛先才将军所获得的青天白日勋章及证书。

才将军率领所部，亲冒毒气，恢复张家山阵地有功，政府特颁给青天白日勋章，并记大功一次。其关于参加该战役作战之各连连长、各排长、各班长亦各颁忠勇勋章一座，并各记功一次；并对守城之忠勇奋斗卓著勋劳全体官兵，亦奖励有加。”

第17天、18天——7月9日、10日（农历五月十九、二十）

7月9日和10日，日军飞机不断前来轰炸，投下大量燃烧弹。衡阳成了一片焦土，已经没有房屋可以燃烧，其状甚为凄惨。五显庙预10师指挥所附近开设之无线电排被炸，张排长及三位组长、六名摇机兵全部殉职。衡阳县政府附近之野战医院被炸，所收容的伤员官兵有700余名被炸得血肉横飞，其状惨不忍睹。其幸存之伤员者，只得设法分散各地，在破壁断墙之下，或炸弹坑中，或破防空洞中，或临时性的掩蔽部中隐蔽存身。因无卫生材料，医药用品奇缺，医务人员不能对伤员者按时换药，只能用盐水洗涤伤口后，再用破布、废纸敷盖。本来就不够卫生，加上天气炎热、苍蝇很多，伤口因感

染而发炎、化脓、溃烂以致蛆者不可胜数。重伤者无法手术和医治，只得等待死神的降临，甚少幸存者。衡阳县人年仅18岁的看护兵冯时品正在参加抢救工作，也被炸倒。其堂姐冯时石得知后托人告诉在衡阳县西渡镇的冯鹤松。冯鹤松立即赶往衡阳市，在医院废墟中翻寻自己的儿子，终于找到左脚炸断尚有呼吸的冯时品。请外科医生简单包扎后连夜抬回西渡，才捡回一条命。

第10军奉命固守衡阳，预估只需10日至两周，是以准备之弹药粮食至多可维持两周，现战斗已进行近20日。步枪、机枪子弹消耗60%，还不感缺乏，而真正消灭敌人的有力武器是手榴弹和迫击炮弹，野山炮弹在压制敌炮兵和阻止敌步兵进攻时也是必需的。此时手榴弹消耗达三分之二，迫击炮弹更是已耗去五分之四，而最为严重的是野山炮弹已耗去十分之九，仅剩十分之一而已。在给养方面，衡阳为米市，米仓被毁，粮食也烧焦了。炊事人员只得于断瓦颓墙下掘取烧成棕褐色的米粒烧成糊饭，配上盐水供官兵充饥。然而还有问题，就是天气炎热，苍蝇太多，群蝇争食，挥之不去，后来采用一人吃饭，一人驱赶苍蝇的方法轮流进食。官兵食后，多有腹中隐隐阵痛，严重者引起腹泻。又没有药品，不少人相继死亡。

7月9日凌晨，驻守打线坪市民医院的预10师第30团第3营，侦悉敌之哨戒及交接班时间与路线，营长周国相派第7连班长陈建国率6名战士，潜伏于敌必经之路旁，当敌经过时，果敢跃出狙击，毙敌3名，俘虏受伤者1名。

7月10日前后，日军为了第二次总攻又增加了大量火炮。其中有迫击炮10门、山炮5门、100毫米加农炮8门、150毫米榴弹炮3门。同时还按各队损失人数补充了兵源。

第一次总攻结束后日军为转移守军视线，使出调虎离山计，伪装退却，引诱守军出击。7日中午，将城西南地区的炮兵撤至湘江东岸，城西北地区的炮兵撤过草河北岸，并在耒水与草河上各架浮桥，在江东车站及望城坳一带占领阵地，傍晚左右辎重骡马及大批伪装部队，打着灯笼火把，大张旗鼓渡过耒水及草河，并在湘江东岸、望城坳、欧家町等地纵火燃烧、故意让城中看见，又在望城坳地区步枪、机枪并作，好让城中听见，误认为已与援军接触。次晨却鸦雀无声，好像已无战事，日军全部退却的模样。守军派出侦察兵，只发现少数日军，引诱守军出击之作法一目了然。而且在7月6日第3师第8团由外围望城坳一带打进城时，也了解到确有日军潜在外围，方军长说：“敌人调虎离山的劣伎又完了。”

日军见调虎离山无效，7月中旬又散发传单称：“能征善战的第10军诸将士，任务已达成，这是湖南人民固有的顽强性格！可惜你们的命运不好，援军不能前进，诸君命在旦夕！但能加入和平军，绝不以对敌行为对待，皇军志在消灭美空军。”散发的物品中有少量香烟、大量传单和十元钞票大小的归来证。守军下令烧毁传单和归来证。

第19天至24天——7月11日至7月16日（农历五月二十一至五月二十六）

综观日军第一次总攻，日军投入了大量兵力，狂轰滥炸并施放毒气，并且与德国法西斯一样采取闪电式进攻，然而其奇袭、强袭在第10军面前却遭到惨重的失败。日第11军冠冕堂皇地向大本营报告："各队炮兵弹药殆已用尽，因此，不得已只好等待炮兵准备齐全再行进攻。"于是，第11军决定7月2日午夜1时停止进攻，补充兵员和弹药、武器，一切准备完毕后，于7月11日再次发动进攻，是为第二次总攻。

第19日是7月11日，这一天拂晓以后至中午，日机不停地轮番轰炸。日军第二次总攻开始。午后，炮兵集中轰击城西南和城南，并施放毒气。黄昏，步兵开始大举进攻，攻击重点仍然是城南和城西南。守卫在城东新街至中正堂及五桂岭北部的是第3师第8团第3营，营长蒋国柱。从11日夜间开始便受日军反复猛烈的攻击。由于战线太长，兵力分散，新街阵地于13日夜被一股日军突入，一时情况甚为紧急。当周庆祥师长听到这一消息，亲赴新街前线督战，自己拿起一冲锋枪直往前冲，战士十分激动，人人奋勇作战，遂将突入之敌全部消灭。消息传遍全军，无不为之鼓舞和欢呼。战报传到重庆，国民政府以周师长英勇有功，特颁青天白日勋章一枚。1944年7月19日的《大公报》、《新华日报》载有"周庆祥师长获青天白日勋章"及"周庆祥师长守土有功，得青天白日勋章"的报道。

守卫在五桂岭东南地带的依然是预备第10师第28团第3营。经过日军11日昼夜联合攻击，阵地受到严重破坏。驻守江西会馆的第9连一个排全部牺牲，驻守五桂岭南端的第9连主力及新街的第8连均陷于苦战之中。至15日拂晓，日军100余人突入新街南端，第3营第8连连长王菊泉率部与日军作逐屋战斗，午后，王连长阵亡，官兵几乎全部战死，仅存1名班长带领2名战士顽强地坚守在

■衡阳守城部队第10军第3师师长周庆祥。

西北角一碉堡内。此时，第3营营长翟玉岗指挥军部拨来的搜索营第1连于五桂岭东侧对敌进行反击。军搜索营第1连连长臧肖侠利用黑夜，派出突击小组绕到新街南侧，潜入木屋，于敌后纵火。主力同时由正面进攻，激战至16日拂晓，将突入之敌全部消灭。发现日军留下的尸体中，有大队长级官长等数人。该连官兵伤亡也近三分之一，但及时巩固阵地，与江西会馆之敌呈对峙状态，以掩护守军左侧之安全。

守军在连日的战斗中，屡挫日军之攻势，并且杀敌甚多。第28团第3营第9连驻守在五桂岭南端，从11日开始顽强固守。至15日午后，日军先以10门战炮集中轰击，接着施放毒气。黄昏前，日军越过铁路，一阵一阵向我阵地猛扑。激战至午夜，连长林可贤与大部分官兵皆阵亡，阵地险陷敌手。副营长李昌本前往指挥，旋即负伤，情势十分危急。正当此时，第3师第8团第4连前来增援，战斗至16日拂晓将敌击退。

五桂岭西面的141高地为第28团第1营所驻守，11日夜及12日就遭到日军三次猛攻，都被守军击退。15日夜，日军反复连冲三次，赵国民营长及第1连连长李炳山均亲自至第1线投掷手榴弹，先后负伤不退。战斗至天明，1营伤亡严重，阵地被100余敌人突入，守军陷入危境。这时军部搜索营第2连及时赶到，奋力反击，卒将入侵之敌击退，阵地又转危为安。

再往西是枫树山阵地，这里是第28团第2营的阵地。枫树山较高，前崖尽削成绝壁，又有团迫击炮的支援，日军从11日至13日屡攻皆挫，陈尸数百具。15日夜，日军100余人绕道141高地西侧，渗入枫树山左内侧之农民银行地下仓库，击袭第28团指挥所。守备该阵地的第2营营长余龙力战身负重伤，第4连连长李浚阵亡，阵地陷入混乱。午夜，预备第10师师长葛先才亲率师部

■五桂岭西面的141高地，后为衡铁四中，今雁峰公园南大门。

特务连与军部搜索营第3连前来增援，第28团团长曾京指挥团直属部队合力反击，战至天明，才将偷袭之敌全部歼灭。

枫树山以西的湘桂铁路修机厂及其西侧高地是预10师第30团第3营防地，自11日夜间起即受到日军反复攻击。12日夜，一股日军约200余人钻入两阵地之间，分别向两阵地北侧猛扑。第3营营长周国相沉着指挥，官兵拼死抵抗，同时用火力截断敌后续部队的跟进，经过3个多小时苦战，最后将渗入之日军全部击灭。修机厂旁铁路两侧，敌尸满谷满坑。守军官兵搜取其枪械弹药而无暇掩埋其暴尸。13日黄昏，日军以五六十人为一梯队，一阵一阵向守军阵地猛扑。修机厂与张家山一同陷于激战，周营长深知已无增援之可能，只有鼓励官兵独立苦战，誓与阵地共存亡。在几进几退的争夺战后，日军攻占修机厂坚固房屋，以机枪架于屋顶向四周扫射，给予守军较大的伤亡。第30团第9连连长王云卿、机3连连长何洪振相继阵亡。周国相营长在悲愤交集之际，亲自指挥士兵前进反扑，亦不幸牺牲。第2营第5连连长蒋鸿熙升任第3营营长，蒋鸿熙继起指挥，奋战不退，双方死伤惨重。14日天明以前，第3营得到团部命令与张家山团主力同时撤退至打线坪预备阵地，检点伤亡人数，幸存者仅60余人。

从修机厂西侧高地再往西偏北便是张家山阵地，是日军第一次总攻中战斗最残酷最剧烈的地方。现据守阵地的是预备第10师第30团的三个连，即葛先才师长在逆袭中带头的师属工兵连、搜索连及该团直属部队勉强编成之一个连。从11日开始，日军第116师团黑濑联队连续三昼夜发动猛攻，每次以100人为一梯队，在炮、空猛烈火力掩护下，一阵又一阵地向221及227.7两高地冲锋。阵地4次失陷又4次夺回，战斗极其激烈。11日夜第1次失守后，该团第1、2两营残存两个连约130余人由营长萧维指挥逆袭，于12日天明前拼死一战，将敌歼灭，恢复了阵地，但萧营长亦负重伤。12日中午日军第2次冲入阵地，第2营官兵伤亡殆尽，由师部防毒连及团直属部队混合编成之连进行逆袭，激战至黄昏，再次将阵地夺回，旋又遭到日军反扑，防毒连连长王开藩阵亡，其余官兵奋战不退，全部战死于阵地之上。第3次由军部工兵营营长陆伯皋指挥两个连前来逆袭，经过通宵激战，在拂晓前将敌歼灭，夺回阵地。

战斗之剧烈和残酷是空前的，伤亡枕藉，伏尸没胫，敌我在纵横交错的尸体之间作你来我往的拉锯战，夜间常被死伤者绊倒。一名卧地呻吟之受伤者拉响其最后一颗手榴弹，与地面之敌群同归于尽。天气炎热，臭气熏人，守军弹药缺乏，粮食饮水不足，但必战死而后已的决心，是可以惊天地而泣鬼神的，13日午后2时，日军再向张家山前两高地进攻，工兵营2个连全部战死，阵地又陷于敌手。黄昏时，日军便围攻张家山高地，形势岌岌可危，此时，军部命第3

师第8团第1营营长李恒彰率第2、3两个连归预10师师长葛先才指挥，急向张家山高地发起第4次反击，日军亦不断增援，双方反复冲杀，至14日拂晓，张家山阵地第4次失而复得。鉴于221及227.7两高地未能恢复，张家山主高地受其钳制，左翼修机厂第3营也在危殆之中，势难久守。于是葛先才师长报准方先觉军长，将主高地、修机厂及其西侧高地，同时于天明前自动放弃，退守萧家山、打线坪一带预备阵地。

张家山西北的虎形巢是预备第10师第29团的阵地，它与张家山是我西南主阵地的两扇大门。因此在第二次总攻一开始，日军对虎形巢的攻击，也和对张家山一样凶猛。但虎形巢前面地域较为开阔，白天难以接近，故日军的进攻都在夜间进行。11日和12日夜间，日军多次进攻都被击溃。13日夜，阵地前的陡壁为一连三天的炮轰所摧折，日军以成百人为一梯队，在最后一群炮击爆炸瞬间，立即冲向阵地，守军第2营在营长李振武指挥下，奋勇堵击，用手榴弹打退敌人三次冲锋，给予其最大伤亡。14日零时，日军第4次猛攻，守军伤亡已达四分之三，阵地丧失三分之二，李营长也在激战中殉国，部队已毫无反击力量。团长朱光基令处在第二线张飞山的第1营两个连残余的不足100名官兵进行逆袭。战斗至天明，才将进入虎形巢阵地之敌歼灭，我军伤亡五分之二。随即，朱光基将由团直属部队改编的步兵连和由战防炮兵改编的一个连共130人拨入第1营，继续加强工事防守虎形巢。

14日下午，日军先用飞机轰炸、炮击，然后施放毒气，继以步兵进攻。守军工事大多被毁，官兵多数昏迷，不顾敌众多步兵

■日军用远镜头拍摄的张家山阵地。

蜂拥强攻，仍顽强抵抗，战至午夜仍难分胜负。此时数名日军乘乱攀登虎形巢制高点营指挥所碉堡顶端，用机枪向四周扫射，对守军造成致命威胁。第1营营长劳耀民率2名士兵跳出碉堡，用手榴弹炸死日军，使战况得以缓和。劳营长于是堵塞两侧交通壕，中隔碉堡，用捉迷藏的方式与敌人进行攻防战，八箱手榴弹投掷到只剩下最后五枚。正在十分危急之际，团长朱光基指挥第3师第9团第3营之第8连、第9连赶来增援，日军后继部队也蜂拥而上，再度展开人世间最惨烈的争夺战。杀声不绝于耳，交通壕中血流遍地，不移出尸体不能通过。第3师第9团第3营营长孙虎斌、第8连连长、第9连连长以及预10师战炮连连长陈以居都先后阵亡，劳耀民营长亦身负重伤，战至天明前一小时，守军已伤亡三分之二，敌人所占一半阵地尚未恢复。

虎形巢北面的范家庄战斗同样惨烈，这里是预10师第29团第3营派出的加强连据点，几天来被日军连番攻击，阵地几次陷于危险。第3营派队两次逆袭，损失兵力100余人，两个连长及五个排长也都战死，最后仅剩10余人，由章振宏排长指挥，固守三个碉堡，坚守不退。葛先才师长鉴于张家山及其东侧修机厂等阵地已于昨日弃守，虎形巢、范家庄便突出于前，兵力单薄难以久守。为加强第二线之防守力量，又请示方先觉军长同意，在15日天明前，从虎形巢、范家庄撤离，退守于张飞山、西禅寺之预备阵地。

■范家庄通向虎形巢和杏花村的小道。

防守城西的第3师第7团方面，杨林庙、杜仙街是第2营的阵地，县立中学、青山街是第3营的阵地，易赖庙前街的阵地则为第1营据守。几天来一直遭受敌机轰炸、炮击与毒袭，官兵伤亡较多。易赖庙前街及杜仙街先后于13日至15日被40多名日军多次突入，但都被守军击灭，守军第2营组织反击，虽然将阵地恢复，但伤亡颇重。14日夜第2营营长谢英在杜仙街逆袭中壮烈牺牲，由团附侯树德接任营长继续指挥战斗。15日中午，第2连连长储厔畲在争夺伏地堡时不幸阵亡，继任连长戴楚威亦于16日清晨为敌机燃烧弹灼伤全部肢体，与众多官兵一同遇难。第3师的第8团、第9团大部被调去支援预备第10师据守的城南阵地，由于日军在西部攻击规模较小，城西阵地最终未被突破。

防守城北的第190师第568团，其演武坪、杜家港阵地濒临草河，连日来虽遭敌空、炮、步兵不断袭击，仅有少数伤亡，被毁工事亦随即修复回固。江防方面守军日夜警惕监视江面，日军不敢贸然从湘江行动，仅在火车东站附近有敌炮向我岸射击，敌机也常低空扫射并投掷燃烧弹，终因盲目无目标，故官兵伤亡较少。

修机厂及其西侧高地的预备第10师第30团第3营幸存官兵退守预备阵地打线坪，张家山第30团幸存官兵与第3师第8团第1营两个连幸存士兵也于14日天明退守打线坪及预备阵地萧家山。从14日开始日军亦不断向这两个阵地猛烈炮击进攻。至16日下午4时，位于市民医院以南的打线坪高地工事全部被毁，守军全部战死，在第10军已无逆袭兵力可调的状况下打线坪也失陷了。萧家山阵地及枫树山阵地西南部亦相继被敌侵入。

连续六天六夜，日军以西南阵地作为主目标，用8000之众的伤亡，打开工事全毁的张家山与虎形巢两扇大门。仅7月15日一天，进攻衡阳的日军17个大队就被击毙3个大队长。致使其后继无力，不得不顿挫于坚城之下。守军损失也是惨重的，预备第10师

大公報
中華民國三十三年七月十四日

衡陽城郊血戰阻敵
外線各路我軍續進
耒陽郊戰醴陵巷戰仍殷
永豐我追擊並挺進衡山

中美機炸毀大批敵船

■1944年7月14日重庆《大公报》刊载的衡阳前线战报。

直属部队三个第一线团以及杂役、炊事兵都在近一个月的惨烈战斗中伤亡殆尽。继续坚守城南及城西南的虽是预备第10师三个团的番号，实际上都是军直属部队官兵与第3师第8团、第9团的官兵，他们与原阵地幸存同袍一起，支撑着残局而已。方先觉军长乃命葛先才师长将固守匝月、已付出极高代价之第一线——五桂岭南半部及141高地、枫树山、萧家山、张家山、市民医院等阵地全部放弃，改守第二线阵地，乘夜进行调整部署：

一、第3师第8团附军搜索营第1连约300人，占领新街及五桂岭北部阵地。

二、预备第10师附军搜索营约350人，占领接龙山、岳屏山、花药山阵地。

三、军工兵营（约80人）附新编成之第29团第2营（第29团、第30团幸存官兵约150人，由预10师少校参谋古今任营长）及炮兵营100人占领五显庙、苏仙井中间高地阵地。预10师副师长张越群率少校参谋张权坐镇指挥。

四、第3师第9团约350人，占领杏花村、天马山之141高地、西禅寺阵地。

中華民國三十三年七月十五日 大公報

敵在大量放毒下猛撲

衡陽郊區爭奪陣地

外線各路我軍續有進展

醴陵郊戰耒河我守東岸

空軍光輝戰果

毀傷湘北敵機數十架

■1944年7月15日重庆《大公报》刊载的衡阳前线战报。

五、第190师第570团约90人，占领接龙山东侧家屋、雁峰寺、中正堂、电灯公司为第二线阵地。

六、第一线阵地各部队，统归预备第10师师长葛先才指挥。

七、军辎重团与军直属部队非战斗单位之能战官兵，编成两个战斗营，每营约300人，为军之预备队，分别控置于清泉路与月亮塘附近。

八、着政工和医务人员，劝导轻伤官兵重返前线。

九、其余城东、城北、城西部署同前。

7月15日下午3时，军搜索营奉命夺回被日军攻占之上、下新街。因日军利用街房隐蔽，顽强抵抗，而地形狭窄，不宜全面进攻。军搜索营第1连连长臧肖侠命第4班班长王嘉祥带勇士5名用火攻，每人携带汽油、破布、棉花等易燃品，在火力掩护下，冲向上新街，引火烧屋，日军遂向下新街撤退。该连乘机以火力断其退路，毙敌数十名。王嘉祥等亦战死。

由于湘江东岸日军炮火无日不造成守军工事之损毁与人员伤亡，军搜索营第1连第7班班长萧民及一名士兵遂向连长臧肖侠报告，自愿游泳过江，于16日深夜以手榴弹塞入炮管破坏敌炮两门。

第25天、26天——7月17日、7月18日（农历五月二十七、五月二十八）

7月17日、18日两日，日军不知守军重新部署及所遗弃之阵地，在空无守兵的阵地前尚有余悸，不敢冒进。正如日军战史所说："我军再度发起总攻之后，除和上次一样，仅夺取极小部阵地外，依然无所进展，而伤亡却更惨重。两个师团之原任大队长已所剩无几；大部分之步兵队已变成由士官代理大队长，勉强支撑战斗之惨局。第二次总攻，又有联队长一名、大队长六名相继阵亡；而攻击之前途却仍不乐观。于是攻击再度停止。"在尚无动静的阵地面前，日军进行全面武力搜索，知中国军队退守预备阵地之后，方与守军恢复接触。在市民医院后高地（今雁城路运粮队）预10师第30团第2营营长徐声先被炮弹击中，当场牺牲。其妻胡窈兰此前已随撤退家属转移，在贵州独山生下遗腹子——徐湘衡（为纪念衡阳保卫战而命名，现名龚世芬）。徐湘衡女士已为美籍华人，住肯塔基州，2006年专程来衡采访，准备将衡阳保卫战用英文写成书，介绍给西方读者。衡阳战役62年后的7月17日笔者同徐湘衡女士来到市民医院后高地，凭吊为衡阳保卫战而牺牲的烈士——徐声先，又找到埋葬烈士的地方——西禅寺前唯一的大樟树。

17日中午，第190师第568团第3连战士发现蒸水南岸约50米之沙滩上有三头水牛在吃草，但见对岸相距130米之日军正虎视眈眈，希望守军牵牛而乘机袭击。待至黄昏时，一个班长冲出阵地，翻下10多米高一段陡坡，无视敌人射击，再通过20多米暴露地段牵回一头牛。第190师师长容有略送一条后腿给方先觉军长，军部官兵都分到一碗。这本是微不足道的事，为什么还要写出来呢？因为第10军的给养太差了，20多天来都是盐开水拌烧焦烂米做成之糊饭，官兵无不面色苍白。战线后方池塘内鱼虾及浮萍早捕采食用一空。少数战士冒着危险，跳入战线前方池塘捉鱼，有时并用手势或哨音向日军示意，使其不要射击，往往得到对方的默契。因为日军的给养也供不应求，以沿途抢劫来补充。

第27天——7月19日（农历五月二十九）

7月19日，日军因第二次总攻再度顿

衡阳保卫战陆军第10军防御配备及战斗经过要图
（1944年7月17日至8月8日）

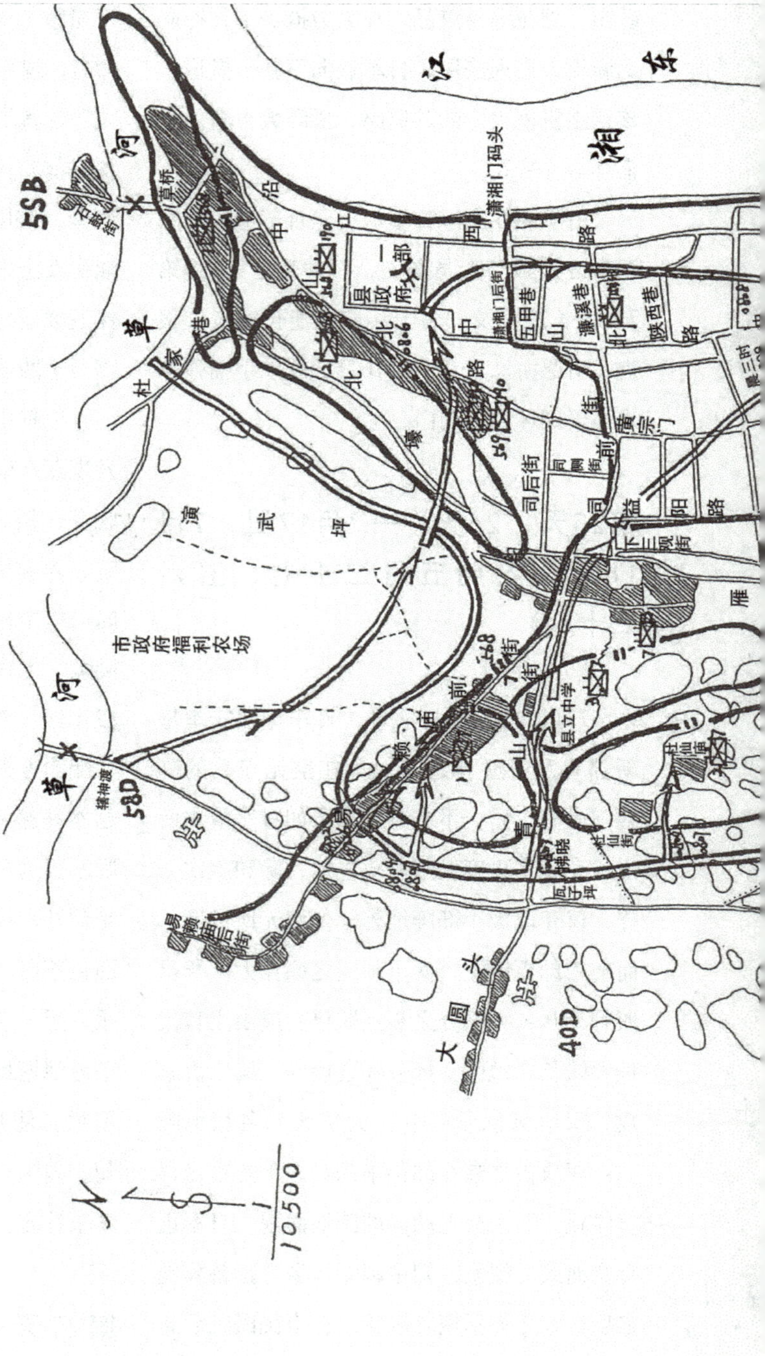

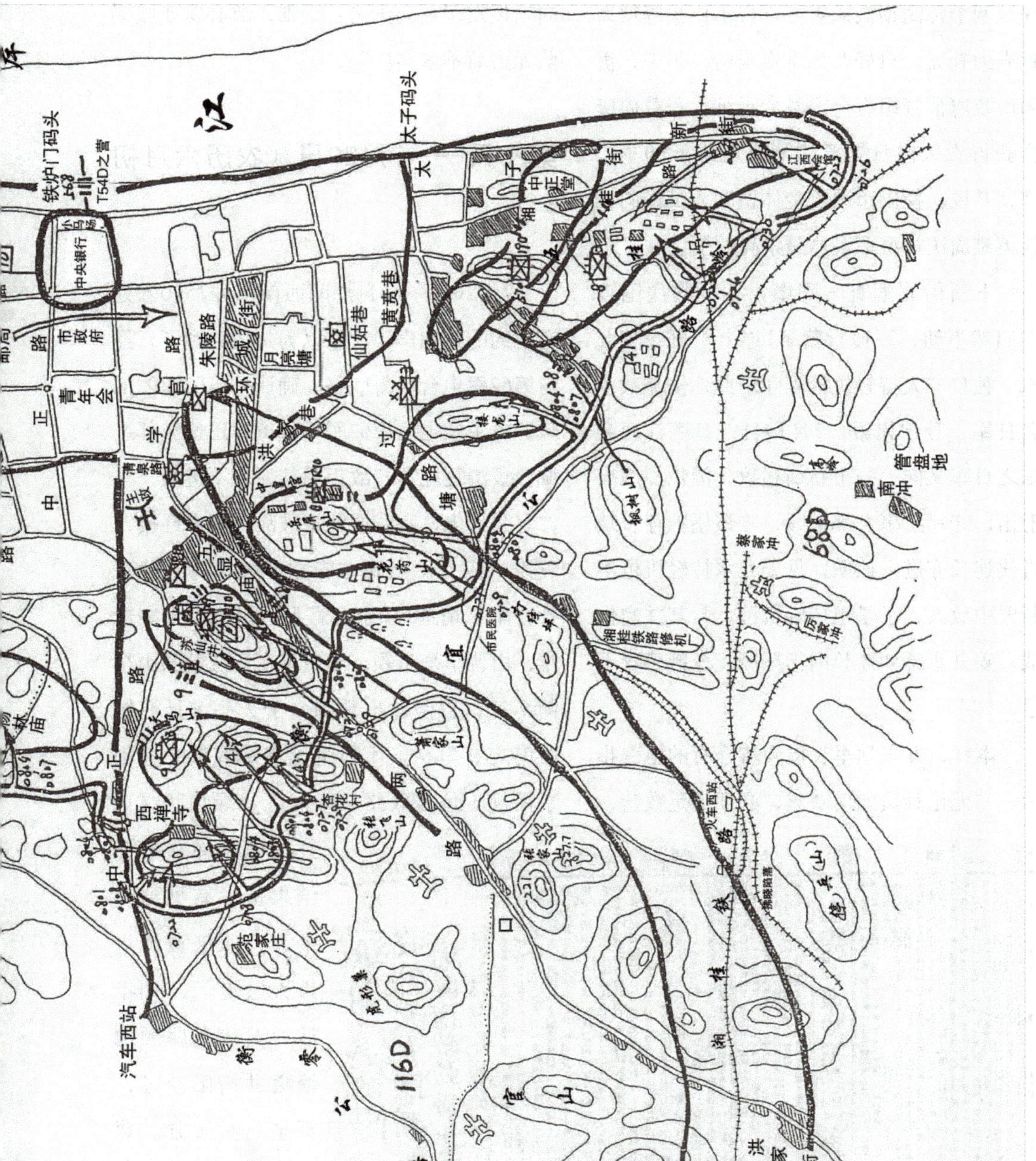

7月20日夜军警卫营突出重围迎接援军，抵达西南郊之五里亭，不料友军踪影渺然，乃于21日夜排除敌军阻击，折回城中。

挫，两个师团损失惨重，不得不再次等待大量人力补充，只好改为重点攻击。下午，衡阳市政府情报组将全国各大报纸上登载周庆祥获得青天白日勋章的消息送达第10军军部，并说：衡阳市政府全体留守人员谨向民族英雄周庆祥将军表达最崇高的敬意。

下新街北端有一碉堡，在敌数次围攻中岿然不动，军搜索营第1连上士班长姜九水，独自一人持轻机枪固守于此，击毙数十名日军，敌尸累累。7月19日，盘踞江西会馆之日军又向上、下新街猛攻，因炽烈炮火射击，守军工事大部被毁，唯该堡独存。臧肖侠连长亦进入该堡，见姜九水持轻机枪不断射中敌人，于是也持轻机枪，与其并肩作战。姜九水急劝连长回指挥所，令臧感叹不已。

本日，方先觉军长接到蒋介石的电令指示：“无论兵员如何缺乏，必须编足数营，向增援友军方向出击；否则，敌必以守城部队无力而不退矣！”

第28天——7月20日（农历六月初一）

7月20日午后，遥闻西南郊外2500米处有隐约的枪炮声，大家以为是援兵到了。经与第62军电台取得联络，确认是第62军的部队。方军长电请第62军军长黄涛迅速派部进城。黄涛复电：“敌拒阻甚，攻不进城。”方军长再电，言我派队攻破敌包围来迎接，黄涛方应允。当晚方先觉军长命特务营营长曹华亭精选150余名官兵，组成五个突击排，由曹华亭带领，利用黑夜，从萧家山东侧南行，冒险冲出重围，于天亮前抵达城西南之五里亭，不料毫无友军踪影。曹华亭用规定信号联络，即两红一绿和两绿一红的信号弹联络，结果也没有见到一个人。原来黄涛早带人撤走了。40年后，黄涛竟厚颜地谈援助衡阳经过，真是贻笑大方。曹华亭等只好在五里亭周围的民居中隐蔽一天，并于21日夜返回。归途经敌军节节阻击，伤亡

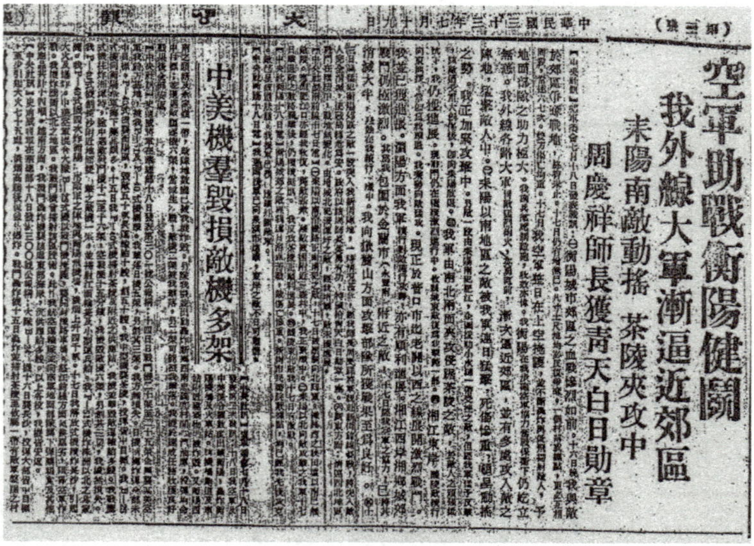
中華民國三十三年七月十九日 大公報

空軍助戰衡陽健鬪

我外線大軍漸逼近郊區

耒陽南敵動搖 茶陵夾攻中

周慶祥師長獲青天白日勛章

中美機羣毀損敵機多架

■1944年7月19日重庆《大公报》刊载的衡阳前线战报。

■“方先觉壕”是大量日军的坟墓。

过半。曹营长在受伤的情况下，仍能率部生还，说明两个最明显的问题：

一、第10军以150余人的突击部队，竟能进出日军重重包围，来往自如，可见第10军官兵斗志之旺盛和战斗力之坚强。这也正是第10军能在装备、补给不足的状况下，面对武器精良、补给不断、兵力不断增加的数倍强敌，给敌以数倍于己的伤亡的原因。

二、衡阳城郊外的友军不是不能攻破日军包围，进城援助，而是静观战事，最多派少量士兵作佯攻姿态以应付上司，并无援助之决心。这正是第10军孤军无援之原因。

日军第二次总攻从7月11日至7月20日共10天，用疲劳战术作为攻势，同时使用大量燃烧弹和各种毒气弹，仅夺取小部分守军阵地。并且日军每打开一个突破口，守军立即逆袭将敌人打退，运输员、炊事兵也上了前线，数千名民工和船民也纷纷参加运送弹药、修筑工事及衣服洗涤缝补等任务。

第29天——7月21日（农历六月初二）

20多天了，日军知守军缺乏炮弹不能还击，便集中四百门火炮向守军阵地猛烈射击，一天的炮弹量比守军40天里发射的还多，城内官兵伤亡大多是炮弹所致。而第10军也有了新的对付敌炮的办法，当敌炮射击时大家钻进掩体，等它停止了发射，才爬出掩体，当日军攻至步兵阵地前，再投掷手榴弹和出击，往往能制敌于阵前。

7月21日，又出现了惊心动魄的战斗场面。拂晓时分，湘江东西两岸的炮火一齐轰击，猛烈地轰炸守军湘江西岸阵地据点及衡阳市区。沿江硝烟冲天，全城顿成火海。接着50多架日机如云蔽天，也在衡阳城上空狂炸、扫射。同时，日军和往日一样，开始向城西南守军阵地发起攻击。

日军在西南方向的进攻收效甚微，幻想从湘江东面进攻，于是结集了几个联队约五六千兵力和大量汽艇，从合江套、太子码头（今称泰梓码头）到黄茶岭对岸沿江分三路向湘江西岸强渡。此时，正值湘江大水之际。守军后发制人，当大部分汽艇渡至江心地，步炮火力齐发，炮弹落得准，机枪扫射猛烈，将进犯敌艇全部击沉，数千日军葬身江中，尸若浮萍，飘浮水面，把碧青的湘江水都染红了。方先觉军长闻讯，同几个师长亲临前沿阵地慰问官兵及指挥战斗。方军长站在第190师第568团第3营第3连第2排机枪手罗炳武的掩体旁，指着掩体说："兄弟们打得好！我们的阵地就是敌人的坟墓。"

7月21日是一个值得记忆的日子，日军第116师团步兵第120联队联队长和尔基隆步兵大佐在城西南指挥部队转移时，被突然飞来的炮弹炸死。和尔基隆后追晋为陆军少将，是衡阳保卫战中被守军击毙的两名日军将领之一。

第30天至第34天——7月22日至7月26日（农历六月初三至六月初七）

自7月22日晚间起至26日的五天，日军以猛烈的炮火在日暮前、拂晓后射击。守军已无炮弹可用，无法压制日军炮火，遂造成官兵极大的伤亡。日军步兵先后向易赖庙前街、西禅寺、五桂岭北部、新街轮番猛攻，最终被守军击退，没有丢掉阵地。

7月25日凌晨，军工兵营第1连排长徐兆祥率敢死队一个排，埋伏于萧家山阵地前敌方放弃的战壕内，待敌经过时，拦腰伏击，给予其惨重打击，日军惊慌不已，首尾不能相顾，四散乱逃。

第35天、第36天——7月27日至7月28日（农历六月初八至初九）

7月27日，中国空军飞机投下蒋介石谕知方先觉军长条令："方军长：守城官兵艰苦与牺牲情形，余已深知，此时只有督率所部，决心死守，以待外援之接应，余对督促增援部队之急进，必比弟在城中望援之心更为迫切，弟可体会此意。以后对于求援与艰危情形，非万不得已，不必发电详报，以免被敌军偷译，余必为弟及全体官兵负责，全力增援与接济，勿念。中正手启。"

27日日机竟日对守军阵地进行轰炸，下午3时，又以猛烈的炮火向城西、城西南阵地炮击达两个小时。黄昏时分日军便开始对西线、西南线进攻，连续一昼夜之久。易赖庙前街是第3师第7团第1营的阵地，日军先在守军阵地前500米处用平射炮射击，伏地堡及坚固房屋工事毁坏很多。然后日步兵冲锋五次，每次100余人，大都被歼灭于障碍物之前，外壕中填满了日军的尸体。拂晓前，日军踏着尸堆才冲入守军阵地内。至28日午后，易赖庙前街之东北角被日军约100人占领。第3师第7团第1营营长穆鸿才率部逆袭，与日军进行逐屋争夺战。战至日暮，才将突入之敌全部歼灭，恢复阵地。守军的伤亡极大，穆鸿才营长及第3连王守先连长先后殉国。第8团团附邹亚东接任第1营营长继续指挥，第3连连长则由中尉排长吴俊彦继任。

西禅寺阵地在西线较为突出，是第3师第9团第3营的阵地，据守官兵仅130人。十天来为日军炮火集中射击，原有的两座高大庙宇已夷为废墟，80余株合抱大树尽行腰折，甚至连根拔起。阵地前的铁丝网多已破坏，但木栅却随折随修，加以外壕既宽且深，日军屡攻屡挫。27日夜，日军用白天炮击毒袭的优势连续三次猛攻，每次约一个中队都葬身于外壕。28日拂晓，日机又来轰炸，日军大炮亦连续猛轰。9时左右，日军大队分西、南两面进攻，疯狂的日军踏着自己同袍的尸体所叠成的人梯向守军阵地前崖攀登。100余日军由公路南侧突入守军阵地，第3营营长赵寿山及时逆袭，将其全部歼灭。官兵也伤亡过半，工事大部分损坏。第9团团长萧圭田集中团直属部队120人，拨

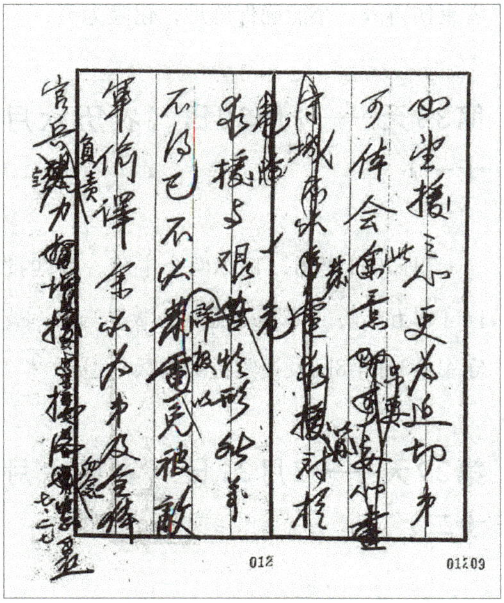

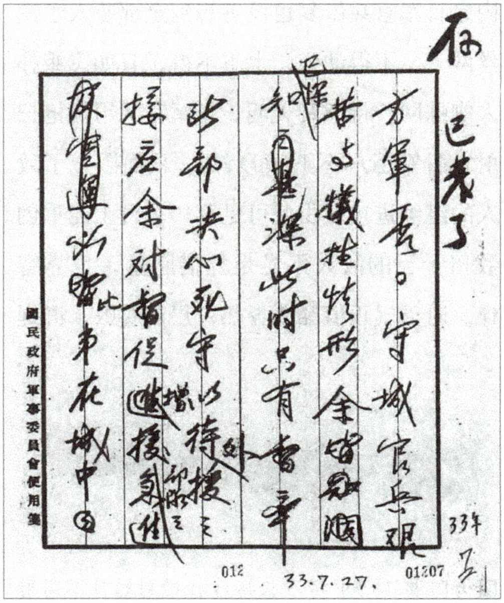

■1944年7月27日，蒋介石致电方先觉军长，令固守衡阳以待外援之接应电文原稿。

入该营加强战斗力。该营立即加强工事，重振军威，准备再战斗。

天马山之141高地为第3师第9团第2营第5连据守，北有天马山，西有西禅寺，东有苏仙井高地，深坑绝壁，较为坚固。日军多次由公路向北进攻141高地，均被阻于外壕之前。

五显庙与苏仙井中间高地，是守军西南阵地之核心，当然为日军攻击重点之重点。由军工兵营新编成之预10师第29团第2营及炮兵营据守，人数约300余人。工兵营营长陆伯皋运用智慧，发挥工兵特长，在建筑外壕上下了工夫，其正面约有230米长，外壕上宽15－20米，深12－15米，下部尖底，用有刺铁丝网平面架设于半壕高之两壁之间，如张罗网。敌机、敌炮都没能针对外壕轰炸破坏。27日夜，日军连续五次进攻，跳入壕内之日军官兵做梦也没有想到全部坠入于铁丝网上，不得动弹，上下不得，有如飞蛾扑入蜘蛛网。待28日天明，守军官兵用机枪扫射，日军遗尸不下600余具，从而阻止了敌人的继续进攻。由此可见第10军将士能重创数倍于己的敌人不光是凭借胆量，也靠智谋。时天气正值酷夏炎热，尸臭腐败，群蝇

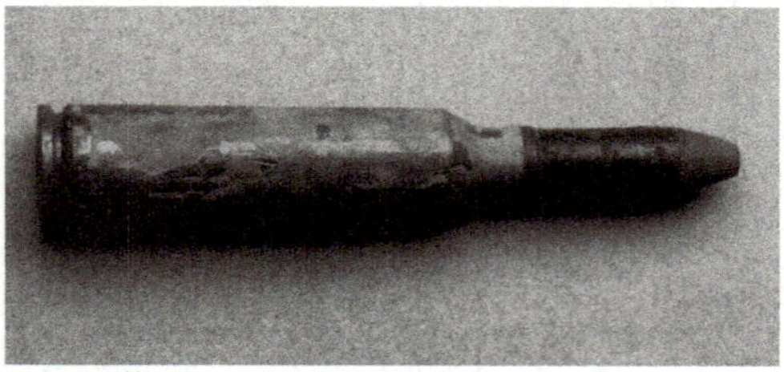

■衡阳湘江河中捞沙队捞沙打捞到的日军高射机枪子弹，上有“昭19”字样。

蜂至，蛆虫无数，极尽人间之惨状。

花药山阵地由预备第10师第28团第1营编成之连据守，兵力较弱。27日夜日军三次攻击，官兵伤亡殆尽，阵地大部分落于敌手。28日拂晓，由军搜索营约80人逆袭，营长何映甫负伤，副营长曾广衡继续指挥官兵与日军拼战，最终只剩下20来人。因再无后援，曾京团长遂命其退守岳屏山。

第37天——7月29日（农历六月初十）

7月29日，西禅寺、杏花村、天马山之141高地、五显庙、岳屏山等阵地均遭到日军空、炮、步兵的联合攻击。守军阵地大部分被毁坏，官兵伤亡枕藉。幸存官兵都抱着与阵地共存亡的决心，决不轻易后退。负伤者裹伤再战，卒能确保阵地，化险为夷。

第38天——7月30日（农历六月十一）

7月30日夜间，日军两个中队，分四批向守军五桂岭北部阵地进犯，激战一夜，被守军第3师第8团及搜索营的官兵击退。

第39天——7月31日（农历六月十二）

至7月底，预10师伤亡达百分之九十以

上，第3师伤亡达百分之七十以上。也就是说，预10师作战兵员剩不到500人，第3师作战兵员不到2000人，而第190师尚存官兵约400人，其中还包括伤兵，因此第10军作战兵力已不足3000人了。加上暂编54师和配属炮兵部队也就是3000多人。

第40天——8月1日（农历六月十三）

8月1日，日军集中炮火猛烈轰击杏花村以北之141高地及西禅寺阵地。入夜，步兵在炮火掩护下开始进攻，战斗相当激烈，至2日拂晓，141高地的第9团第5连官兵全部殉职，阵地陷于敌手。第9团团长萧圭田派第2营第6连逆袭，仅恢复阵地一半，与敌呈相持状态。在西禅寺阵地，日军三次突入，第9团第3营伤亡殆尽，营长赵寿山也负伤。萧圭田团长命第1营发起逆袭，连续三次战斗至2日拂晓，才将突入之敌全数消灭。双方伤亡惨重，第1营仅残余100余人，军部令辎重团拨一个营给第9团，继续固守阵地。

■衡阳战役中的中国迫击炮兵。

本日，方先觉军长发电报给军事委员会委员长蒋介石："本军固守衡阳，将近月余，幸官兵忠勇用命，前仆后继，得以保全；但其中可歌可泣之事实，与悲惨壮烈之牺牲，令人不敢回忆！自开始构工，迄今两月有余，我官兵披星戴月，寝食俱废，终日于烈日烘炙雨浸中，与敌奋战，均能视死如归，克尽天职；然其各个本身之痛苦，与目前一般惨状，职不忍详述，但又不能不与钧座略呈之：一、衡阳房舍，被焚被炸，物质尽毁；幸米盐均早埋藏，尚无若大损失。但现在官兵饮食，除米及盐外，别无任何副食；因之官兵营养不足，昼夜不能睡眠，四处于风吹日晒下，以致腹泻腹痛，转为痢疾者，日见增加，既无医药治疗，更无部队接换，只有激其容忍，坚守待援。二、官兵伤亡惨重，东抽西调，捉襟见肘；弹药缺乏，飞补有限。自昨30日辰起，敌人猛攻不已，其惨烈之战斗，又在重演，危机隐伏，可想而知！非我怕敌，非我叫苦，我决不出衡阳！但事实如此，未敢隐瞒，免误大局。”

埋藏之米盐，在敌机炮火月余轰击之下，大多已烧焦。

第41天——8月2日（农历六月十四）

8月2日，中国军机投下蒋介石回复方先觉军长电报：“方军长：我守衡官兵之牺牲与艰难，以及如何迅速增援，早日解围之策励，无不心力交瘁，虽梦寐之间，不敢或忽；惟非常事业之成功，必须经非常之煅炼，而且必有非常之魔力，为之阻碍，以试炼其人之信心与决心之是否坚定与强固。此次衡阳得失，实为国家存亡所关，决非普通之成败可比，自必经历不能想像之危险与牺牲。此等存亡大事，自有天命，惟必须吾人以不成功便成仁，以一死报国之决心赴之，乃可有不惧一切，战胜魔力，打破危险，完成最后胜利之大业。上帝必能保佑我衡阳守军最后之胜利与光荣。第二次各路增援部队，今晨皆已如期到达二塘、贾里渡、水口山、张家岭与七里山预定之线，余必令空军掩护，严督猛进也。蒋中正。八月二日十时。”

日军空军8月2日依旧对衡阳城轰炸一天。

是日午夜，风雨交加，第3师第9团第7连连长张志贞率该连仅存之30余人，由西禅寺出发，奇袭汽车西站附近日军大部队，使

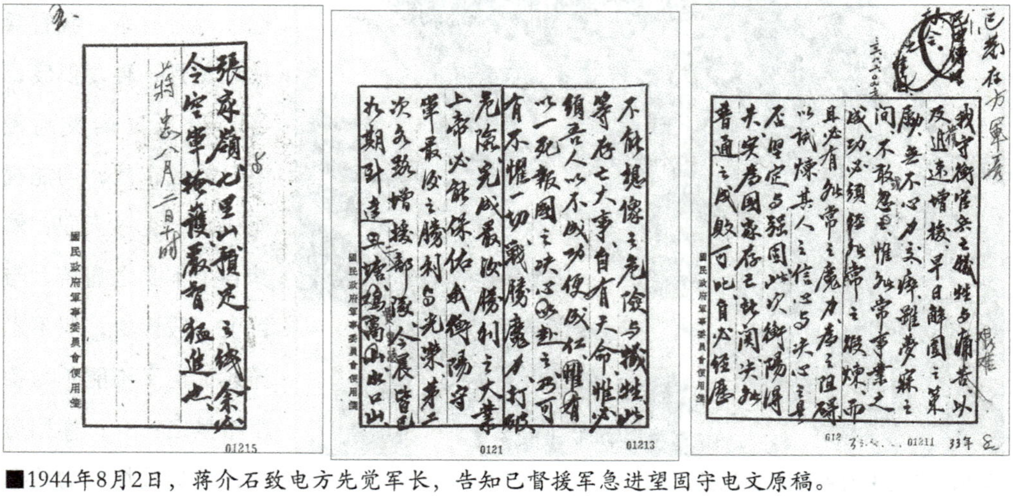
我守衡官兵之犧牲與艱苦，以及迅速增援，早日解圍之策勵，無不心力交瘁，雖夢寐之間，不敢或忽；惟非常事業之成功，必須經非常之煅煉，而且必有非常之魔力，為之阻礙，以試煉其人之信心與決心之是否堅定與強固。此次衡陽得失，實為國家存亡所關，決非普通之成敗可比，自必經歷

不能想像之危險與犧牲。此等存亡大事，自有天命，惟必須吾人以不成功便成仁，以一死報國之決心赴之，乃可有不懼一切，戰勝魔力，打破危險，完成最後勝利之大業。上帝必能保佑我衡陽守軍最後之勝利與光榮。第二次各路增援部隊，今晨皆已如期到達二塘、賈里渡、水口山

張家嶺七里山預定之線，余必令空軍掩護，嚴督猛進也。蔣　八月二日十時

國民政府軍事委員會便用箋

■1944年8月2日，蒋介石致电方先觉军长，告知已督援军急进望固守电文原稿。

日军死伤惨重，然而张连长以身殉职，战士将他的遗体抬回，葬于西禅寺前。

第42天——8月3日（农历六月十五）

依据战后资料得知，日军的部署及准备十分周详，7月11日－7月20日日军第2次总攻失败后，日军继续调集部队、武器弹药围攻衡阳，同时调配部队在衡阳外围拦截援军。如7月22日，驻长沙之日本第11军由第58师团派旅团长指挥的步兵三个大队在28日前开往衡阳，归第116师团长指挥；7月25日，长沙至衡山公路通车，将36吨弹药运至衡山，在衡山待命的驮马辎重三个中队，开始从衡山往衡阳运送；在衡阳以北11公里的三板桥架桥材料中队（驮马）往衡阳运送约10吨弹药。

日本第11军于7月29日发出第三次总攻衡阳的命令，预定在8月4日开始进攻。下命令的第二天，即7月30日，将其部署情况向大本营和中国派遣军报告如下：

旭参电第636号（7月30日21时50分）。致电：次长、中总（汉口、南京），旭参谋长发出。

一、隼部队（第5航空军）自8月3日至8月4日主要协助堤部队（第68师团），8月5日至6日主要协助助广、鹿两部队（第58师团、第13师团）作战。

二、命堤部队于8月4日17时开始进攻，以主力攻取岳屏，再派一支有力部队攻取寺庙高地（岳屏东南400米），继续向铁炉门码头方向前进，以扩大战果。

三、命岩部队（第116师团）于8月4日17时开始进攻，以主力攻取岳屏西北高地，继续往中国银行（岳屏以北600米）方向前进，以扩大战果。

四、命广部队（第58师团）严格隐蔽意图，在敌前妥善做好准备，于8月5日派主力从衡阳城西北，另派一支有力部队从北侧地区开始进攻，继续往埠门码头（铁炉门码头以北350米）方向进击。

五、命鹿部队（第13师团）于8月4日从湘江东岸地区以其炮兵和游击部队协助堤部队进攻，并于5日开始向潇湘码头（铁炉门以北800米）附近进行炮击。同日夜间，命联队长指挥的步兵约两个大队于该地附近强行渡江，使之协助广部队进攻。

上述报告见《战史丛书》第十六卷“一号作战（2）湖南会战”下册第19页，寺庙高地即雁峰，埠门码头即柴埠门码头。

下命令的第三天，即8月1日黄昏，第11军参谋长中山贞武少将同司令官横山勇中将乘侦察机从长沙出发，当夜到达湘潭，8月2日清晨出发，5时30分飞抵衡阳机场，立即进入第13师团长的防空壕。这时守军迫击炮正中机场，炸伤日军随行军官一名，炸死士兵二名。

横山勇中将即往衡阳机场东侧高地观察战场上一般情况。随后由中山参谋长主持，按照设想的战斗过程在防空壕内作了兵棋推演。推演的结果，原定以第13师团部分兵力强渡湘江的计划，经过进一步详细研究，认为如有可能则采取佯攻的方法改变上述行动。

8月2日傍晚，第11军将“挺进战斗司令所”转移到衡阳北部，设在杨家冲北侧高地，即原野战重炮阵地的北侧。日军深怕中国军队以衡阳为支柱，四面向衡阳地区发起总攻，于是急调第58师团增援衡阳，是时，围攻衡阳的部队就有第40、58、68、116等师团主力以及第13师团一部共11万人。

8月3日，日军出动大批飞机对衡阳进行轰炸，开始了第三次总攻的准备。日军第8飞行团第16战队的双引擎机6架，于深夜轰炸衡阳市街道中央南侧的中枢部位，目标包括守军指挥所。日军暂编飞行第6战队在拂晓时就开始袭击堤部队正面以岳屏山为中心的守军阵地。飞行第44战队则轰炸衡阳城西北及城南的守军阵地。

午后，炮兵作地毯式的猛轰，妄图把衡阳城翻过来。一部分野山炮甚至推到守军阵地前100米以内，对阵地作全正面轰击。

第43天——8月4日（农历六月十六）

8月4日清晨，佩戴“天照皇大神宫”神符的横山勇亲自指挥。日军总计动员5个师团、11万人，轻重炮100余门、炮弹40000发，对守军阵地全面猛攻。除了江防与蒸水方面外，每一个地区都遭到日军不计生死

■日军用远镜头拍摄的岳屏山及萧家山阵地。

的亡命冲锋。日军声称“一天之内攻下衡阳”，其兵力之众，攻势之猛，火力之强，持续时间之长，为开战以来所未有。

五桂岭北部阵地为第3师第8团据守，经过几天的猛攻，守军第3营伤亡极大。至下午时，阵地大部分陷入敌手，蒋国柱营长负伤不退。黄昏时，第8团团长张金祥命第2营营长苏琢率仅有的官兵60余人逆袭。战至午夜，经过多次反复冲杀才将入侵阵地之敌全部肃清，苏琢营长不幸阵亡，调师特务连连长赵培孚继任。

岳屏山、接龙山阵地为预备第10师第28团驻守。接龙山阵地防守设施已被敌空、炮轰击全毁。防守接龙山之连至黄昏时伤亡过大，形势危急，第3师工兵连补充上来，尽歼入侵阵地之日军，随即加强防守。岳屏山工事则极为坚固，多层障碍物发挥了阻绝力量，曾被日军的轰炸机和大炮破坏，但战士们仍坚守着。日军久攻不克。第28团团长曾京带领三个营长，多次对突入阵地之敌逆袭，与敌十荡十决，均用手榴弹和刺刀达到歼敌的目的。守军伤亡严重，达三分之一。第3营营长翟玉岗右足负重伤，第2营营长余龙右股被敌弹射穿，二人都坚持不下火线。就在黄昏时，接龙山阵地告急，曾京向师部求援，周庆祥亲自带领工兵连协助曾京逆袭，终将突入之敌全部肃清，就在此时，一发炮弹将周庆祥双耳震聋，从此，他只有靠助听器才能听清声音了。

五显庙、苏仙井中间高地之阵地由军工兵营、炮兵营及第29团第2营残存官兵混合组成的部队据守。在数日空、炮轰击之下，地面工事及又宽又深之外壕已大部分毁坏，但壕沟边缘内侧的木栅却发挥了阻敌的巨大功能。日军竟日的冲锋，一次次的接踵而来，都被守军一群群的手榴弹炸倒。外壕中堆满了敌尸，血流遍地，残存之日军不得不退下。

天马山、西禅寺及杏花村北之141高地为第3师第9团据守。日军战机对此西南阵地轰炸次数最多，炮兵对此阵地轰击时间亦最长。距阵地不到100米放置的30余门大炮向守军阵地射击，守军已无炮弹可以还击。敌火炮肆无忌惮地为所欲为，地毯式的弹幕将阵地外壕、木栅、铁丝网、碉堡全部摧毁，真是满目疮痍。日军满以为守军无一幸存，可以大胆地占领阵地了。当日军步兵冲上阵地时，隐藏在工事内的官兵，却如冲天炮一般，从尘土中一跃而出，用一排一排的手榴弹，将入侵之敌炸死。经过竟日的战斗，141高地第9团第6连的官兵与阵地同归于尽，但西禅寺、天马山仍在中国军队固守之中。黄昏后，第3师以搜索连幸存30余人，秘密加强西禅寺阵地。萧圭田团长将预备队之军辎重团一个营补充天马山。

杨林庙至易赖庙前街阵地为第3师第7团据守。由于城西为半泛滥地区，视线很开阔，过去日军只在夜间攻击。此次日军一反常态，放胆在白昼进攻。4日午后，杨林庙、杜仙庙被40余名日军侵入，第2营营长

■冲入衡阳车站的日本军队。

侯树德乘其立足未稳一举反击，全部击毙。易赖庙前街阵线太长，日军蜂拥而至，人如潮水，竟日猛打，堵得东来堵不得西，堵得西来堵不得东。至黄昏时分，已有100余日军侵入前街。鞠震寰团长见情势如此危急，于是命第3营营长王金鼎率其部仅存之100余人，加上师之战防炮连40余人，作背城之战的逆袭，终于在午夜前将其全部歼灭。

第44天——8月5日（农历六月十七）

日军宣称一天攻下衡阳城的幻想又破灭了，第10军城南、城西南、城西的阵地岿然不动。

8月5日，全天日军以其优势的空、炮火力向第10军阵地轰击，连续用强大的步兵向阵地全面猛攻，战斗也是整天不停。自新街、五桂岭北半部、接龙山、岳屏山、五显庙、天马山、西禅寺至青山街，每处阵地无不为日军突入两次以上。全体官兵睡眠不足，饮食缺乏，都能忠勇不屈，拼命抵抗，将阵地夺回。最终只剩第3师直属部队与军辎重团仅有之一营，可以向各阵地增援，进行艰险无比、惨绝人寰的逆袭，勉强将失去的阵地一个个地从敌人手中夺回，但伤亡极其惨重。第7团团长鞠震寰伤势严重，第9团团长萧圭田也受了伤。

入夜，日军更是势在必得，以雷霆万钧之力，对守军阵地全面猛攻。日机不断地狂炸，伤员官兵往往因避之不及被炸得血肉横飞，哀号惨叫之声，不绝于耳。日军炮火仍连续不断地轰击，浓密的弹幕，笼罩全城，火光冲天，如同白昼。

五桂岭北半部两次被日军突入。方先觉军长命第190师第570团第二线官兵90余人，拨归第8团团长张金祥指挥。逆袭进行了两个小时，歼敌300人以上，收回阵地。

接龙山、岳屏山阵地的守军预10师第28团奋勇抵抗入侵之敌，战至午夜，伤亡惨重。此时阵地已被敌人占领三分之一，正冲向团指挥部。预10师师长葛先才闻讯，在已无后备兵源的情况下，亲率卫士1班及师部勤杂兵30余人前来增援，进行逆袭。曾京团长及第2营营长余龙、第3营营长翟玉岗与众多士兵大为感动，不顾自己身上的伤痛，一齐出击。士气大增的官兵就用手榴弹消灭了突入的200余敌人，恢复了阵地。守军伤亡十分严重，仅剩70余人，且大都带伤。

五显庙及苏仙井之间高地彻夜被日军猛攻。在军工兵营营长陆伯皋的指挥下，由工、炮、步混合编成之守备部队与敌作殊死战斗，用手榴弹和诡雷将进攻之敌全部歼灭。

天马山阵地为第3师第9团驻守，预备第10师第29团团长朱光基、第30团团长陈德坒亦率仅有的团部官兵10余人与敌奋战，也是靠手榴弹粉碎日军数次攻势。天明以后，与对峙之敌相距仅50米远。

天马山，是西禅寺、苏仙井、萧家山之间的一片山地，主峰北端最高处海拔83.2米，因山形如飞马，故名。加上141、143高地，周围不过400米。日军用排炮发射了600发炮弹，山上泥土翻了三次，见不到昔日的工事，只是一片焦土。当日军冲上山时，以为已无守军而可以轻易占领了，谁知青天白日旗又突然竖起，带伤赤臂的战士由弹坑跳出，一阵手榴弹打退了日军的冲锋，一次、二次、三次之后日军不敢再来，其实山上只剩下几个人，弹药也没有了。

天马山的西端是西禅寺，这里驻守着第3师搜索连。从8月5日清晨开始，日军便猛烈攻击，经过一整天的战斗，搜索连的官兵仅剩下10余人，仍守护着北端阵地，南端阵地在天明前已被日军占领。

易赖庙前街及青山街之敌攻击十分凶猛。青山街被200余名日军突入，第7团第3营营长王金鼎本来就只剩下100余人，在苦战之下眼看难以支撑。第7团团长鞠震寰左腿负伤，仍在担架上前往督战。形势岌岌可危。

面对如此猛烈的攻势，守军已无兵力增援第一线阵地，手榴弹、步机枪的子弹即将告罄。援军仍然不见，守军是怎么也难撑多久了。下午3时，方先觉军长召开了紧急会议，到会的除了四位师长，还有军参谋长孙鸣玉、高级参谋彭克复及督战官蔡汝霖。

目前的局势大家都十分清楚，衡阳的安危、众人的生死是两个关键问题。气氛十分紧张，谁也没有万全之策，焦虑侵蚀着每个人的心灵。方先觉军长用力地提出了问题："现在我们的关系比父母妻子儿女还要密切，我们的生命变成一条生命，大家有什么好办法，可剖腹地说出来。"大家反复研究，还是没有办法。周庆祥师长主张突围，大家觉得先电呈上峰说明理由，得到认可再行突围。彭高参手中正拿着一本《常德会战检讨会议录》，他念着书中蒋介石对余程万的训示："你如何当人家的长官，能忍心将你负伤的官兵舍弃私自逃出。"方先觉听了这段话，放声痛哭起来，心中已经明白无论如何要放弃突围的打算。方先觉一面哭、一面说："我们突围出去，即令委座不责备我们，全国同胞也能原谅，但是我们能忍心舍弃与我们共同战斗过的负伤官兵吗？"几位师长听了也动情哭了，周庆祥师长说："我在这第10军这么多年，从来没有打过这样惨苦的仗，这次内无兵弹外无援兵，为什么第九战区十几万大军一个也打不进来，这不是天意吗？救援常德时，我们第10军一天一夜跑一百几十里，现在有这样的援军吗？我们的艰辛自己知道，督战官和暂54师友军与我们共患难，也是知道的。"

方先觉军长这时果断地站起来说："决不突围，一定死守，你们每个师长只准留四个卫士，其余的人一概到前线作战。如查出多留一人，按公说你们是违抗命令，按私说你们是对不起朋友。我方先觉决不私自逃走，要死我们几个死在一起，要自杀我先动手。要知道我自杀了，你们纵然逃脱，委座亦不能饶恕你们，你们自己也不能为人。"周庆祥师长说："如果失去了联络，集合地点在哪里？"方先觉军长答道："在中央银行或者是天马山。"

会议刚结束，周庆祥接到第7团青山街阵地被日军突入的战况报告，立即率卫士排及师部官兵70余人直奔青山街，手持钢刀，冲入敌我混战的阵地，连砍数敌。战士

■被日军轰炸后的衡阳到处是断壁残垣，全城只剩下"三栋半"房屋。图为昔日衡阳市繁华区的中山北路被反复轰炸后的废墟模样。

无不为之鼓舞，忍不住高呼“周师长！周师长！”将突入的两百多日军全部消灭，在天明前夺回了阵地。周庆祥将卫士排留给了第7团。

第45天——8月6日（农历六月十八日）

日军步兵第120联队（继任联队长儿玉忠雄）在昨日攻占西禅寺高地南端后，继续着手进攻天马山阵地。

凌晨3时，我第190师第568团第5连演武坪阵地被日军突破，连长罗夫及官兵20余人全部殉国。日军50余人继而围攻左翼第3营阵地，鹿精忠营长指挥所部约30人奋力冲杀。正在危急之时，副团长李适率运输连连长墨德修及团部官兵20余人前来增援，合力歼敌。天明时，李适副团长腹部中弹身亡。残余日军30余人凭借天主教堂坚固建筑物进行顽抗，容有略师长报请方军长派员前来支援。特务营曹华亭营长率100余人赶来，行至县政府转角处时，被日军从天主教堂内发射掷弹筒袭击。官兵在进攻中伤亡过半，第2连连长井启第阵亡，反攻受挫，双方呈相持状态。

9时以后，日军在猛烈无比的空、炮火力配合下，发动全面攻势。其时，守军阵地工事几乎全部摧毁，未被击中而蛰伏在战壕中的官兵也只能用有限的手榴弹消灭冲进阵地的敌人。步机枪和刺刀的拼杀却是辅助手

■冲入衡阳市区的日军。

段。方先觉军长得知后，采取了两项紧急措施：

一、将军部各单位幕僚和勤杂官兵编训分配到市区各巷战工事准备巷战。

二、抽出铁炉门以南江防的暂54师步兵营，以其三个步兵连分别控制接龙山北侧、苏仙井、司前街的城内南、西、北等重要路口附近，以应付状况的变化。而铁炉门以南江防由暂54师的师部幕僚及勤杂官兵接替。

中午时分，在五桂岭高地北端的第8团迫击炮连连长刘和生观察到市民医院附近有日军指挥官正挥舞军刀指挥士兵冲杀，乃将最后决死之八发炮弹向目标发射。一发炮弹贯穿第68师团第57旅团旅团长志摩源吉少将腹部，志摩当场丧命。日军战史后来称志摩是亲临第一线，在进攻岳屏山和花药山中用大东亚圣战和为天皇陛下献身等口号激励士兵，并教士兵如何将中国军队投来之手榴弹反投回去时，上身露出战壕，被突如其来的炮弹打穿头部而被当场击毙的。后来，志摩源吉被追晋为陆军中将。

下午3时，五桂岭北半部、岳屏山阵地先后被日军突破。军部命令接龙山北侧暂54师之步兵连归第3师第8团团长张金祥指挥，苏仙井暂54师之步兵连归预10师第28团团长曾京指挥，在黄昏时，即发动逆袭，以阻止敌人继续深入突击。

五桂岭第3师第8团俘获日本兵宫崎胜次郎，供认日军曾抓我国老百姓作为壮丁，赤膊前躯破坏障碍物，多惨死于守军阵地之前。足见日军之惨无人道。

入夜之后，新街及西禅寺两阵地守军全部牺牲，阵地落入日军之手。其余阵地官兵仍继续作顽强抵抗，寸土不让，视死如归。

第46天——8月7日（农历六月十九）

根据日军战报8月7日拂晓，第11军炮兵队的野战重炮5门，按计划作好了两小时射击的准备。主要目标是岳屏山高地及苏仙井高地和市内显著建筑物。在准备就绪之后，3门100毫米加农炮、2门150毫米榴弹炮一齐发射炮弹。《战史丛书》第十六卷《一号作战（2）湖南会战》下册第51页记载：“炮落在衡阳地面上，响起了极为猛烈的爆声。阵地掩体飞散，房屋建筑坍塌，景象实为壮观。衡阳整个市街和战场俱被硝烟笼罩，被炮声震撼。”

日军第5航空军全力配合第11军对衡阳的进攻，第1飞行团的战斗队（飞行第25战斗队的“一”式战斗机11架、飞行第48战斗队的“一”式战斗机8架）与飞行第6战斗队一同支援第68师团和第58师团的进攻。第11军司令官横山勇中将也亲赴望城坳观测所视察指挥。

拂晓，日军500余人突入青山街，第3师第7团第3营营长王金鼎阵亡。鞠震寰团长带伤指挥，由驻守临近司前街的暂编第54师之步兵连向敌逆袭。战斗至9时，鞠震寰中弹身亡。演武坪阵地也有100余名日军突入，其余各阵地同时遭到日军强大围攻。

这时的青山街已是空城，没有战斗兵源了，而冲进的日军继续补充。他们冲过县立中学、莲湖台、杜仙庙突入杨林庙的第69兵站医院。他们一路见人就杀，不管是无行动能力的重伤兵或是手无寸铁的民众。第69兵站医院还有1000多重伤兵，手无寸铁，步履艰难，惨无人道的日军残忍地杀害了他们，惨叫之声，响彻全城。曾任预10师第30团第3营营长的蒋鸿熙在《血泪忆衡阳》一书中记载了罪恶的日军用刺刀杀害第69兵站医院重伤官兵的暴行。

一名日军军官举黄旗前来谈判，要求第10军放下武器。中午，各师长都集中到中央银行，军指挥所仅有数名卫兵及副官处处长张广宽、辎重团团长李绶光及副官王洪泽。面对百倍于己的强敌，师长们认为阵地将守不住，衡阳不保了，万分悲痛。方先觉军长命参谋长孙鸣玉起草最后一电："敌人今晨由北城突入以后，即在城内展开巷战，我官兵伤亡殆尽，刻再已无兵可资堵击，职等誓以一死报党国，勉尽军人天职，决不负钧座平生作育之至意。此电恐为最后一电，来生再见！职方先觉率参谋长孙鸣玉，师长周庆祥、葛先才、容有略、饶少伟同叩。鱼。"鱼是6日的电文日期代号，电稿由各师长过目后由参谋处处长饶亚伯交电台，电台临时联系不到江南电台，在此紧急时刻，启用芷江空军基地电台呼号，拍发芷江空军基地转

■第10军司令部中央银行旧址，位于今中山南路128号、中国工商银行衡南县分行（1994年）所在地。

呈蒋介石委员长。

国民政府军令部有江北总台和江南总台，江南总台有9个分台，但总台发报机功率大，所以第10军给军令部的电报都由江南总台转发。但美军顾问贺克准将曾带来芷江空军基地的呼号，以备紧急时使用。有人否定有最后一电之事，日前，作者在湘潭县姜畲镇访到前第10军军部电报员卢庆贻，他说8月7日下午的电报是他发出的，电报是密码，不知内容，只知有100字以上。他的说法是特别可信的，他说，第10军军部是在中央银行的防空洞里，而电台在地下金库，他年龄最小，才16岁，大都为人代班。事后准备销毁电台，但是考虑到可能有电报接收，故暂未执行。无独有偶，作者又在长沙寻找到时任江南总台台长、现年95岁高龄的刘俊明，他说他们从湖南迁到桂林，故与第10军联系不上，便马上赶回湖南冷水滩，遇到第10军军部秘书送来的最后一电，8月8日拍往重庆，8月9日见诸重庆各报刊。他在1950年代就交待了这一事。

下午的天马山只剩不到10名尚能战斗的士兵和数十名伤兵，他们奉命撤到大西门阵地，但撤离时肯定会遭到日军射击，预10师副师长张越群向孙鸣玉报告了阵地战况。孙鸣玉提出采用白旗诈术的办法撤退。张越群向师长葛先才通报，葛也同意此法。下午三时，天马山守军分三批撤离，在阵地上留下一面白旗，绝无一人投降。天马山上的白旗诈术被日军识破后，他们反过来大肆宣传：第10军的战士们，放下武器吧！你们的军长举白旗投降了。

面对凶残的敌人即将进行的屠城，军部副官处处长张广宽和军参谋长孙鸣玉都要去和日军交涉，指出他们屠杀俘虏、伤兵和民众是违反国际法的行为。方先觉向孙、张说出了战前蒋介石的密令“停战”二字。因为当时军委会都估计第10军坚守不了三天，却命令方先觉守十天至十四天。方先觉在电话中问蒋介石，人打完了怎么办？蒋介石表示，当第10军兵员打完了，只剩下伤兵和文职人员，我们两人约定，可以停战。方先觉决定让懂日语的张广宽前去谈判，并再三叮嘱说：“第10军决无投降之意。”

张广宽走后，军部收到委员会“援军明日必到”的电报。方先觉与孙鸣玉虽不十分相信，但还是要周庆祥来一起研究对策。孙鸣玉说明了蒋介石与方先觉密约的“停战”二字，张广宽为阻止屠城去与日军谈判等情况。大家商议了突围的主张：一是接应援军，二是可保留第10军建制，三是剩下1200战斗兵员突围了，只剩下重伤兵和文职人员，密约的“停战”就可以进行了。方先觉决定8月8日清晨由周、孙二人集结现有战斗兵员1200人于大西门，由五桂岭一路突围。《衡阳文史资料》第7辑徐必达的回忆中就有他接到第二天突围准备的命令的回忆。

张广宽手持红十字小会旗来到日军第68师团前线指挥所，指出日军违反国际公约的行径。日军第58旅团长太田贞昌按师团长堤三树男的指示回答：“我们对衡阳城内的中国人，不管是伤兵或是平民，一律格杀勿论。”停顿一下，继续说：“不过投降的话，可以考虑，但你官职太小，要让有资格的人来谈判。”张广宽说：“会的。”

傍晚，日军同时对五桂岭北半部、岳屏山、五显庙、天马山阵地发起全面总攻。守军官兵在弹药告罄的情况下，唯有以血肉之躯拼死守护阵地；后面的战士踩着前人倒下的尸体，与同样是踏着自己人尸体而来的日

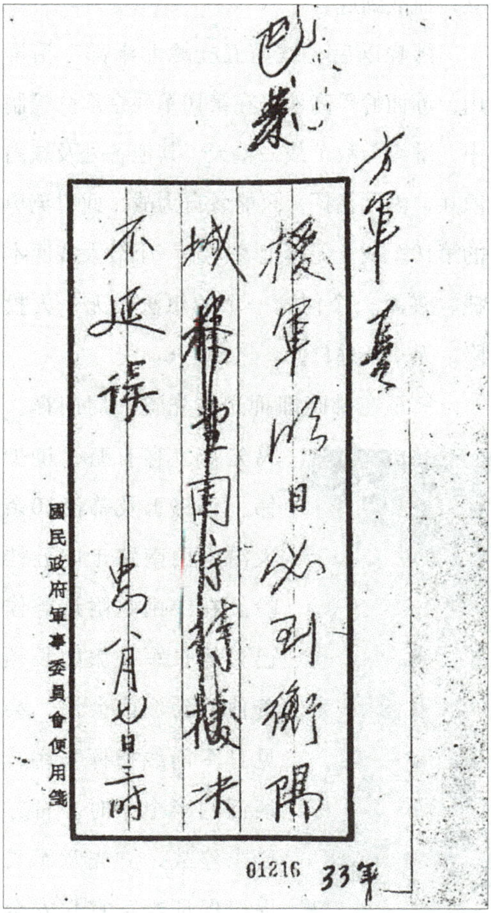

■1944年8月7日，蒋介石致电方先觉军长，告其援军明日必到衡阳电文原稿。

军进行肉搏。守军只能坚守一部分阵地，而无法尽歼入侵之敌。入夜以后，日军轻、重炮又连续不断轰击，敌机亦出动狂炸，有如斯大林格勒大血战轰炸之策略——不分何方士兵，同阵地一起炸毁就好。

张广宽回到中央银行第10军军部，向方先觉汇报日军不愿协议停战，要求第10军投降，否则必遭屠城，方先觉知道了日本凭借军事上的绝对优势，其态度是甚为嚣张的，顿生轻生念头，对在场的人员说：“你们已陪我尽到最大的责任，现在各自想法寻求出路去吧，我就死在这里。”引起辎重团团长李绶光及副官王洪泽的警觉。

这时四个师长已来到军部，在这最后一次会议上，方先觉宣布：“衡阳之战到了最后的关头，如果我不幸身亡，依次由周庆祥、孙鸣玉、葛先才、容有略、饶少伟代理我的职务。明日援军可能会到达，但是恐怕还靠不住。我已下令战斗兵员向大西门集结的命令，归周庆祥指挥。另外为了避免日军屠城，顾及重伤官兵和数万民众以及郊区老百姓的生命，我马上派人与日军接洽停战，我们决不投降。”孙鸣玉同各位师长一起提出了七个条件，主要是双方停火，第10军决不投降，日军不能杀害第10军官兵和老百姓等。

晚上孙鸣玉、张广宽等来到第68师团前线指挥所，日军指挥官报告第68师团长堤三树男。堤三树男立即在电话中答复：日军对衡阳守军协议停战表示欢迎，所提条件完全

接受，并立即通知前线部队停火。同时要求方先觉于次日上午9时到五桂岭中正堂同日军谈判。

第47天——8月8日（农历六月二十）

8月8日一点钟，孙鸣玉完成了接洽停战任务回来。隐藏在第10军军部的特务向日军报告了“援军明日（8月8日）必到”的守军内部情报及第10军军部前面警戒森严、银行后门仅一人守卫的军部情况。这个情报很快传到堤三树男那里，于是违背自己刚刚承诺的通知前线停火的命令，令日军加紧进攻，他认为不能等9点钟与方先觉谈判了，必须在8月8日清晨前攻占中央银行。

凌晨3时以后，城北演武坪与城西北青山街突破口之敌蜂拥而至，利用夜黑，向市中心突进。我军已无兵力进行巷战，形势岌岌可危。

3点到4点之间军指挥所中央银行已听见密集之枪声逐渐逼近。方先觉军长认为守城已经绝望，于是举手枪自杀，眼疾手快的辎重团团长李绶光及副官王洪泽奋起击落手枪。枪落于地虽鸣，但未击中人。这时日军已从后门攻进防空洞军指挥所，方先觉军长、几位师长、参谋长等高级将领均被虏。虽求死不得，但大义凛然，峻拒停止抵抗。守军官兵闻讯，无不悲痛欲绝，与敌誓不两立，血战到底。

拂晓以后，城南五桂岭北半部、岳屏山、苏仙岭等高地仍在第10军残余部队控制中，继续与敌苦战一整天。其他各处及城内散兵，因无指挥，只能各自为战。此时英勇的第10军战士无不抱着再杀一个敌人找回本钱，多杀一个便赚一个的想法，无一人投降，无一人逃亡。

日军在拂晓即押送方先觉、周庆祥、葛先才、容有略、饶少伟、孙鸣玉及幕僚20余人沿中山南路走向五桂岭。在中山堂附近等候已久的日军一旅团长领着他们到江西会馆，会见日军前线指挥长官，谈话约半个小时。日方要求停战，方先觉军长提出保证生存官兵安全等七项要求。然后将方

■1944年8月8日衡阳沦陷后，第10军军长方先觉等被日军囚禁的所在地——衡阳市南郊天主教堂尚存的一部分。

先觉等送到欧家町天主堂日军第68师团司令部，先是师团参谋竹内实孝接见他们，查对部队番号和军官姓名，然后安顿到一个防空洞内，日军师团长堤三树男和竹内参谋同方先觉一行举行停战谈判，签订停战协议，竹内说："中国军队勇敢作战的情形，不仅此地日军敬佩，就连日本天皇和大本营都已有所闻。"特表敬意，并对所提条件基本接受。方先觉等20余人于是被软禁于欧家町天主堂，内外岗哨，警戒森严。

据原第3师第9团第4连连长陈福绥的《陈福绥回忆录》第14页介绍："1946年8月8日，今日为我被俘两周年纪念日，回到1944年今日清晨，衡阳沦陷落为敌俘，当时我们野战医院伤员被集中北门县政府空地上，残垣高处架着一挺重机枪，枪手装好弹带瞄准待发，我军已置死生于度外。"是停战谈判成功才避免又一场屠杀。

8月8日，巷战在继续，预10师第28团第3营营长翟玉岗少校腿负重伤。当日军入城时，他躲一破房内，虚掩门，并移一方桌至门后，自己则拔出门闩坐在桌上。不一会，当一日军破门而入，翟玉岗抡起门闩，劈头朝日军头上砸去，当时脑浆四溅。其余日军一拥而入，他奋力撞在墙上身亡。

预10师第28团第2营第4连连长李浚在巷战中负伤，躲一民宅内，在腰间绑上十几个手榴弹，同冲进屋的日军同归于尽。

八日傍晚，在签订协议后战火平息。日本宪兵入城，受难官兵7000余人（其中战斗兵员1000余人和重伤官兵6000余人）才免除了被残杀的恐怖，分别集中软禁。坚持四十七天之久的衡阳保卫战，终于在幸存官兵泣血椎心的悲痛中结束了。

■被囚禁的第10军将领，左起饶少伟、周庆祥、方先觉、葛先才、容有略。右立者为日军卫兵。